AF643037

Anna-Lena Satler

Manna für Mamas

Über die Autorin

Anna-Lena Satler ist von Beruf Ergotherapeutin und Mutter von einem Kind im Kindergartenalter und einem Schulkind. Sie hat sich während ihrer Ausbildung und in ihrer Bachelorarbeit mit dem Thema Bindung zwischen Eltern und Kindern auseinandergesetzt und in ihrem Buch aus der Perspektive des christlichen Glaubens neu betrachtet. Außerdem ist sie Autorin in der Zeitschrift Lydia und hat bereits einen Beitrag in einem Sammelband von Ellen Nieswiodek-Martin veröffentlicht.

Anna-Lena Satler

MANNA für Mamas

Andachten für junge Mütter

Gerth Medien

MIX
Papier aus verantwortungsvollen Quellen
FSC® C014138

1. Auflage 2024
Bestell-Nr. 821087
ISBN 978-3-98695-087-3

Umschlaggestaltung: Maren Habla
Umschlagmotiv: Shutterstock; Andriiii
Lektorat: Ruth Harmsen
Illustrationen: Katharina Smolders
Satz: Uhl + Massopust, Aalen
Druck und Verarbeitung: Finidr s.r.o.
Printed in Czech Republic

www.gerth.de

Inhalt

Seht doch, wie sehr uns der Vater geliebt hat!
Seine Liebe ist so groß,
dass er uns seine Kinder nennt –
und wir sind es wirklich!

1. Johannes 3,1 (Hfa)

Vorwort

Liebe Leserin,

mein Name ist Anna-Lena Satler, ich bin in meinen 30ern und habe zwei kleine Freudenbringer zu Hause herumflitzen. Mein Sohn wurde 2017 geboren, meine Tochter 2020.

Bereits im Studium begeisterten mich die Inhalte zur Bindungstheorie, weil ich merkte, wie sie mich innerlich berührten und mir so viel über mich selbst zu sagen hatten. Mit kugelrundem Bauch konnte ich mein Studium im Fachbereich Ergotherapie gerade noch vor der Geburt meines ersten Kindes mit einem Bachelor abschließen, bevor das *Mamaleben* für mich startete.

Ich hatte ein eher romantisches Bild davon, was es für mich bedeuten würde, Mutter zu sein und blicke nun auf sechs Jahre voller ungeahnter Herausforderungen, emotionaler Momente und tiefer Begegnungen mit Gott zurück. Ich engagiere mich immer noch leidenschaftlich gerne in unserer Gemeindekrabbelgruppe – auch wenn meine eigenen Kinder bereits aus diesem Alter herausgewachsen sind –, weil ich es liebe, Mütter mit ihren Babys und Kleinkindern zusammenzubringen und einen Raum für Begegnung und Austausch zu schaffen. Die Entwicklung der Kleinen fasziniert mich immer wieder und die Mamas liegen mir so sehr am Herzen.

Aus dieser Arbeit heraus entstand auch *Manna für Mamas*, denn als das Corona-Virus im Jahr 2020 den Treffen unserer Krabbelgruppe einige Monate Pause abverlangte, begann ich, kurze Impulse zu Themen, die jedes Mutterherz bewegen, zu schreiben und die anderen Mamas zu einem *WhatsApp-Talk* einzuladen. Ergebnis dieser Impulse ist schließlich dieses Buch geworden.

Aus eigener Erfahrung weiß ich, dass man mit Baby- oder Kleinkind manchmal nur wenig zum Lesen kommt, deshalb kannst du dir in diesem Buch immer gerade das Thema herauspicken, was für deine gegenwärtige Situation passt. Es möchte mit einer Vielzahl unterschiedlicher Inhalte ein unaufdringlicher und hilfreicher Begleiter für die ersten drei Jahre mit deinem Kind sein, die für die Bindung deines Kindes zu dir von großer Bedeutung sind. Und vielleicht wirst du durch die Lektüre dieses Buches so wie ich darüber staunen, wie viele dieser „Bindungsthemen" auch in der Bibel stecken und wie bindungsorientiert Gott in seinem Wesen ist.

In kleinen Häppchen erfährst du, wie du die Entwicklung deines Kindes unterstützen kannst und dass es letztlich beim *Mamasein* um eines geht: in Verbundenheit mit deinem Kind zu leben. Die einzelnen Themen sind nicht streng chronologisch geordnet, du kannst also gerne hin und her springen. Zu den Andachtsthemen habe ich als Bonus jeweils passende praktische Ideen für Aktivitäten mit deinem Baby oder deinem Kleinkind ergänzt, die seine Entwicklung und eure Beziehung stärken können. Dabei solltest du aber beachten, dass sie eventuell nicht immer zum Entwicklungsstand deines Kindes passen. Du kannst sie dir dann aber markieren und zu einem späteren Zeitpunkt ausprobieren.

Dieses Buch ist dazu geeignet, es sowohl mit anderen Müttern gemeinsam als auch allein für dich zu lesen. Jede Andacht ist in einen allgemeinen, alltagsbezogenen und einen glaubensbezogenen Teil strukturiert und lädt mit Fragen zur Reflexion für dich persönlich oder zum Austausch mit anderen Müttern ein.

Warum „Manna"?

Manna wurde das Brot genannt, mit dem Gott das Volk Israel in der Wüste auf übernatürliche Weise versorgte, denn es fiel quasi vom Himmel und war eine Art süßes Wunderbrot. Damals war das Volk Israel von Gott vollkommen abhängig. Wenn du diese Geschichte nachlesen möchtest, findest du sie im Alten Testament im 2. Buch Mose im 16. Kapitel. Im Neuen Testament sagt Jesus über sich, dass er das *Brot des Lebens* ist. Er ist wie das rettende Manna in der Wüste und schenkt Leben – mehr noch: Er schenkt Leben im Überfluss.

Meine Verantwortung als junge Mutter konnte ich damals gut mit der Situation des Volkes Israel vergleichen, denn ich merkte, dass ich in dieser völlig neuen Lebenssituation schnell an meine persönlichen Grenzen kam und im übertragenen Sinne dringend Nahrung für meine Seele brauchte. So ließ ich mich völlig erschöpft einfach in Jesu Arme fallen. Jeden Tag brauche ich ihn, brauche ich das *Manna des Himmels*, das Brot des Lebens, um meinen Alltag meistern zu können und vielleicht geht es dir gerade ganz ähnlich.

Mama zu sein ist wunderschön, aber immer wieder auch sehr anstrengend, es kann sich zwischendurch wie eine Wüstenwanderung anfühlen – du bist erschöpft, überfordert, du lechzt nach etwas Zeit für dich allein, Zeit mit Gott allein. Vielleicht sehnst du dich nach etwas, das du gar nicht richtig benennen oder in Worte fassen kannst. Es kann aber auch sein, dass du Jesus noch gar nicht kennst und trotzdem eine starke Sehnsucht in deiner Seele nach ihm spürst. Oder du suchst nach diesem *Brot des Lebens*, das deinen Herzenshunger stillt und wünschst dir tiefen inneren Frieden für dein Leben.

Die eigene Mutterschaft kann in uns so viele Gefühle auslösen, sie konfrontiert uns mit ungeahnten Themen, unserer eigenen Kindheit und lässt uns die Welt oft mit völlig anderen Augen sehen. In der Verantwortung für dieses kleine Wesen spüren wir plötzlich, wie sehr wir selbst diesen sicheren Hafen, eine tiefe innere Geborgenheit brauchen.

Ich möchte dich ermutigen, dich auf deiner Suche nach Input für dein Leben als Mama für eine Begegnung mit Gott zu öffnen und wünsche dir von ganzem Herzen, dass du ihn ganz neu oder noch viel tiefer durch die Zeilen in diesem Buch kennenlernen wirst. Geh mit ihm ins Gespräch über das, was du hier liest, auch um es für dich zu prüfen. Ich bete, dass du ihm als dich liebenden Papa begegnest, denn daran, wie Gott als Vater mit uns – seinen Kindern – umgeht, können wir so viel für unser eigenes Elternsein ableiten. Deshalb verbindet dieses Buch alltägliche *Mamathemen* mit *Glaubensthemen*. Wir können uns an seinem Vorbild, seinem Vaterherzen orientieren, um unsere Mutterschaft zu leben.

Ich wünsche dir, dass das Abenteuer *Mamasein* für dich gleichzeitig auch ein Abenteuer mit Gott wird. Möge Gott dein Herz beim Lesen bewegen und dich tief mit sich, mit deinem Kind und mit anderen Müttern in deinem Umfeld verbinden.

Gott segne dich!

Deine Lena

Einzigartigkeit

Erinnerst du dich noch an die zwei kleinen roten Striche, die die Veränderung deines Lebens ankündigten? An die Freude, aber vielleicht auch die Angst in dir? Plötzlich Mama. Gut, dass wir etwa neun Monate Zeit haben, uns auf die tatsächliche Ankunft des kleinen Erdenbürgers vorzubereiten. Und trotzdem müssen wir in den kommenden Jahren erst mehr und mehr in unsere neue Rolle hineinfinden.

Es gibt unendlich viele Informationen zu allen möglichen Themen, ungebetene Ratschläge und spürbare Erwartungen an uns Mütter. Manchmal hätte ich mir lieber ein Patentrezept in Sachen Baby und Kleinkind gewünscht, doch Kinder sind schon als Babys wahre Persönlichkeiten und so verschieden.

Vielleicht fühlst du dich hin und wieder orientierungslos oder von anderen hinterfragt. Womöglich hattest du Vorstellungen vom *Mamasein*, die von der Realität völlig auf den Kopf gestellt wurden und du fragst dich, ob du dem wirklich gewachsen bist. Oder aber du bist bereits sehr sicher in deiner Mutterrolle, hast schon Kind Nummer zwei und es fällt dir eher schwer, andere Meinungen zum Umgang mit deinem Kind zu akzeptieren?

Wir alle stehen (Mütter sitzen selten, oder?) im gleichen Boot und jede von uns versucht, in diesem Boot ihren festen Stand zu finden und ihre Balance zu halten. Ungebetene Erziehungstipps von außen können hohe Wellen auslösen.

Es hilft, sich bewusst zu machen: Wir alle sind auf dem Weg. Jede Familie schreibt ihre eigene Geschichte. Sich selbst und anderen Müttern diesen individuellen Weg und den inneren

Prozess zuzugestehen, kann ein wahrer Eisbrecher zwischen Müttern sein:

Welcome to the journey!
Umarmen wir das Mamasein als das, was es ist:
Eine Reise, auf der wir immer wieder Neues
entdecken können – über das Leben und über uns selbst.

Vor einigen Jahren konnte ich im Rahmen meiner Bachelorarbeit eine aus einem afrikanischen Land stammende Mutter und ihre Kinder in ihrem Alltag begleiten. Als ich sah, wie diese Frau ihre Mutterschaft lebte, wurde mir mein eigenes, westlich geprägtes Bild vom *Mamasein* erst richtig bewusst und ich fühlte mich ermutigt, mich davon zu lösen, in mich hineinzuhören und meinem Herzen mehr zu folgen als kulturellen Erwartungen.

Deshalb möchte ich dir Mut machen, dich in wertschätzender Atmosphäre offen und neugierig mit anderen Mamas auszutauschen. Wir wurden alle einzigartig geschaffen und jede hat ihre Eigenarten, Stärken und Schwächen. Ein offener Austausch über Unsicherheiten, über verschiedene kulturelle Erfahrungen und Werte ist so kostbar und nimmt der Furcht vor dem Urteil anderer den Nährboden. Austausch schafft Raum für Inspiration.

Und ich möchte dich ermutigen, deiner Intuition zu vertrauen, denn „tief drinnen, im Inneren (...) wissen wir alle, wie es geht, dieses Elternsein"[1]. Oft trauen wir uns nur nicht, auf unser Herz, unser Bauchgefühl zu hören.

Auch Jesus hat im Hinblick auf den Umgang mit Menschen die kulturellen Grenzen seiner Zeit so manches Mal gesprengt und gezeigt, dass menschliche Regelwerke die Liebe, die die Kultur des Himmels ist, oft in ihrem Ausdruck hindern. Gott freut sich an deiner Einzigartigkeit und an der deines Kindes.

Wir neigen so sehr dazu, zu vergleichen, aber dein Kind hat sein ganz eigenes Entwicklungstempo und sein eigenes Temperament, und das ist gut so. Gott ist ein Vater, der uns als seine Kinder durch und durch kennt und er begegnet uns sehr individuell – genauso, wie wir es brauchen.

Ein Beispiel hierfür ist in der Bibel die Geschichte mit dem zweifelnden Jünger Thomas. Jesus, der das Wesen Gottes eins zu eins vorlebte, begegnete Thomas so, wie dieser es brauchte, um an seine Auferstehung glauben zu können.

Er brauchte etwas mehr Zuwendung als die anderen Jünger, mehr Körperkontakt: Er musste fühlen und tasten, um zu begreifen und zu vertrauen. Jesus gab ihm diese Möglichkeit![2] So, wie wir unseren Kindern helfen, ihre Persönlichkeit und Bedeutung in dieser Welt zu erkennen, genauso möchte Gott uns helfen, in unsere Mutterrolle hineinzufinden und sie mit Freude und befreit von allem äußeren Druck auszufüllen.

Er will unser Ratgeber und Ermutiger sein (Johannes 14,16) und er möchte unser Potenzial zur Entfaltung bringen. Wenn wir beginnen, unsere Gaben zu entdecken können wir sagen:

> *Ich danke dir dafür, dass ich wunderbar gemacht bin.*
> Psalm 139,14

Fragen zum Weiterdenken

- Wie möchtest du Mama sein? Was ist dir wichtig?
- Welche Frage oder Unsicherheit beschäftigt dich aktuell in deiner Rollenfindung?
- Welche kulturellen Einflüsse prägen deine Mutterschaft? Wie sieht Mutterschaft in anderen Kulturen aus?

Aktivitäten mit deinem Kind

- Fühlen und Tasten: Mach einzigartige Fuß- und Handabdrücke mit deinem Kind, zum Beispiel mit Fingerfarbe oder in Ton gedrückt.
- Oder gestaltet gemeinsam Fingerabdruck-Kunstwerke, indem ihr auf einer Vorlage, die im Internet zu finden ist, die Umrisse eines Tieres mit bunten Fingerabdrücken *ausmalt*.

Namensträger

Den richtigen Namen für sein Kind zu finden, kann länger dauern. Einige von uns Müttern haben vielleicht schon mit vier Jahren in unserem Puppenwagen eine *Lisa* vor uns hergeschoben und bereits davon geträumt, eines Tages einmal wirklich ein süßes Mädchen mit diesem wunderschönen Namen zu haben. Aber da ist nun auch noch der Vater des Kindes, und er kannte leider eine Lisa, die ihm absolut unsympathisch war, weshalb dieser Name ganz und gar nicht für ihn infrage kommt.

Wir alle verbinden mit bestimmten Namen ganz unterschiedliche Emotionen, und einige Namen sind womöglich bei uns in einer bestimmten Schublade abgespeichert. Manchen Eltern ist auch die Bedeutung des Namens sehr wichtig – vielleicht, um dem Kind einen Wunsch mit auf den Weg zu geben oder um ihren Glauben auszudrücken. Anderen ist es wichtig, dass Namen von Vorfahren oder Verwandten weitergegeben werden, um familiäre Verbundenheit zu symbolisieren.

In der Bibel hat die Bedeutung eines Namens oft viel mit der Persönlichkeit oder der Berufung des Namensträgers zu tun. Wenn Gott jemanden benannte, verknüpfte er dies häufig mit einem Versprechen. Das beste Beispiel ist wohl der Name *Jesus*, der „Gott rettet/Errettung" bedeutet. Aber auch *Abram*, aus dem *Abraham* wurde, was „Vater vieler" heißt, ist sehr bekannt.

Gott versprach Abraham, dass er viele Nachkommen haben würde und bekräftigte dies durch die Änderung seines Namens. So wurde Abraham jedes Mal, wenn ihn nun jemand mit seinem neuen Namen ansprach, an Gottes Verheißung erinnert. Manchmal änderte Gott auch die Namen von Menschen komplett. So bekam Jakob, der um Segen für seine Familie kämpfte, anschließend den Namen „Israel" und Gott segnete ihn. Bis heute heißt das Volk, das aus seinen Nachkommen entstand, „Israel".

Der Jünger Petrus wiederum hieß ursprünglich *Simon*. Jesus gab ihm den Namen *Petrus*, was „Fels" bedeutet, denn er sagte, dass er auf diesem Felsen seine Gemeinde bauen will. Was für eine Zusage! Wenn Gott also seinen Söhnen und Töchtern Namen gibt, gibt er ihnen damit eine Identität.

Er bestätigt ihre Berufung. Das empfinde ich als zutiefst liebevoll. Auf diese Weise ermutigt Gott und setzt ein klares Zeichen für alle, die mit diesem Menschen zu tun haben.

> ***Jetzt sagt der Herr, der dich geschaffen hat (...):***
> ***„Hab keine Angst, (...) denn ich habe dich bei deinem Namen gerufen, du gehörst zu mir."*** Jesaja 43,1 (ELB)

Fragen zum Weiterdenken

- Kannst du dich mit der Bedeutung deines Namens identifizieren?
- Hast du Gott schon mal die Frage gestellt, wen er in dir sieht? Welchen Plan er für dein Leben hat?

Aktivitäten mit deinem Kind

- Namensbilder: Schreib den Namen deines Kindes auf ein Blatt und lass es Sticker, Symbole oder Ähnliches (passend zur Bedeutung des Namens oder Persönlichkeit des Kindes) auf das Blatt kleben. Dabei übt es seine Feinmotorik.
- Welches positive *Quatschwort* oder welche neu erfundene Bezeichnung würde dein Kind gut beschreiben? Sprich es vielleicht mal mit einem völlig neuen Wort an und schau, wie es reagiert, zum Beispiel: „Hallo mein kleiner Freudenbringer“ oder „Hey, da ist ja mein Schmetterlingsmädchen.“

Geburt

Die Geburt des ersten Kindes ist eine völlig neue Erfahrung! Sturzgeburt, Wassergeburt, Hausgeburt, Kaiserschnitt – Geburten können sehr unterschiedlich erlebt werden. Meist tut es gut, sich über diese Erlebnisse auszutauschen, um sie zu verarbeiten. Das mag aber auch nicht *Jederfraus* Ding sein, denn es geht dabei immerhin um den wohl sensibelsten Moment, den eine Frau erleben kann.

Vielleicht redest du nicht gern darüber, vielleicht liegt es aber auch tatsächlich für dich schon weit zurück. Womöglich konntest du dein Geburtserlebnis gut verarbeiten und hast keinen Gesprächsbedarf mehr, bist aber eine gute Zuhörerin – dann könntest du einer anderen Mutter den Raum geben, über all ihre mit diesem Erlebnis verbundenen Gefühle zu sprechen. Freude und Leid liegen nirgends so nah beieinander wie in den Stunden einer Geburt.

Um ein Kind Gottes zu werden, müssen wir ebenfalls eine Geburt durchleben. In Johannes 3,3 (NLB) lesen wir: *„Jesus erwiderte: ‚Ich versichere dir: Wenn jemand nicht von Neuem geboren wird, kann er das Reich Gottes nicht sehen!'"*

In dem Moment, in dem unser Herz mit dem Glauben an Jesus als unserem Retter erfüllt wird, werden wir neu geboren. Um uns diese geistliche Geburt, dieses neue Leben mit Gott, zu ermöglichen, nahm er als Vater unerträgliche Schmerzen auf sich.

Deshalb kann Gott absolut nachempfinden, was du als werdende Mutter bei der Entbindung deines Kindes erlebt hast. Er starb in der Person Jesu für uns am Kreuz einen qualvollen Tod. Dies konnte er nur tun, weil er voller Vorfreude schon sah, dass sein Tod viele neue Leben ermöglichen würde. Er sah dich und mich in seiner Liebe vor seinem inneren Auge.

> *(...) Weil große Freude auf ihn wartete, erduldete Jesus den Tod am Kreuz (...)* Hebräer 12,2 (Hfa)

Wenn ein Baby geboren wird, ist es mit dem Blut der Mutter bedeckt – wenn ein Mensch als Kind Gottes neugeboren wird, ist er im übertragenen Sinne mit Jesu Blut bedeckt. Diese neue Geburt kann für uns selbst vorher mit Schmerz verbunden sein, so begegnen viele Menschen Jesus in einer für sie schwierigen Zeit, in der sie innerlich rufen: „Gott wo bist du?"

Die Umkehr zu Gott kann mit dem Schmerz verbunden sein, entdecken zu müssen, dass wir nicht so gut sind, wie wir sein wollen. Für diesen Schmerz gibt es aber einen Ausweg – dank Jesus können wir völlig frei werden von einem uns anklagenden schlechten Gewissen. Das ist die große Freude der neuen Geburt als Christ. Wenn ein Baby geboren wird, erblickt es das Licht der Welt – als ich mein Leben Jesus anvertraute, war in diesem Moment auch plötzlich alles heller um mich als zuvor!

> *Das wahre Licht ist der, der in die Welt gekommen ist, um für alle Menschen das Licht zu bringen.*
> Johannes 1,9 (Hfa)

Fragen zum Weiterdenken

- Wie hast du die Geburt deines Kindes erlebt?
- Hast du selbst bereits eine *geistliche Neugeburt* erlebt? Wenn ja, wie war das bei dir?

Aktivität mit deinem Kind

- Pflanz mit deinem Kind Kresse als Symbol für *neues Leben*, das aus der Dunkelheit hervorbricht. Dein Kind kann dabei mit der Erde matschen und so seinen Tastsinn schulen.

Bindungshunger

Die Schreie unserer Babys rufen uns Mamas in fürsorgliche Zuwendung – egal ob am Tag oder in der Nacht. Dann veranlassen uns unsere Instinkte zum Körperkontakt – wir nehmen sie hoch, trösten, wiegen sie in unseren Armen, stillen ihre Bedürfnisse. Intuitiv beruhigen wir unser Kind durch Körperkontakt, denn es hat nicht nur physiologischen Hunger, sondern auch einen riesigen Bindungshunger, mit dem es auf die Welt kommt. Es braucht und sucht die sichere Verbindung zu seiner Bezugsperson.

Menschen sind Beziehungswesen und tragen dieses Bedürfnis nach Nähe, diese Sehnsucht nach Verbindung tief in sich. Es gibt Untersuchungen, die gezeigt haben, wie wichtig sichere Beziehungen für Kinder und ihre Entwicklung sind.[3] Wir sollten deshalb das Kuscheln mit unseren Kindern wirklich genießen und ihr Bedürfnis nach Nähe vollkommen erfüllen, ohne Angst, sie zu sehr zu verwöhnen.

Dieses Nähebedürfnis zu erfüllen, kann uns aber auch schwerfallen und das aus unterschiedlichsten Gründen. Traumatische Geburten oder direkte Trennungen nach der Geburt können den Bindungsaufbau zwischen Mutter und Kind beispielsweise beeinträchtigen. Wenn das der Fall ist, ist es wichtig, darüber zu sprechen und jeglichen Druck herauszunehmen.

Vielleicht ist dein Baby sehr bindungsbedürftig und du kannst es kaum ablegen, um beide Hände frei zu haben. Stark bindungsbedürftige und sensible Kinder können uns sehr fordern und leicht auch überfordern. Es kann aber auch sein, dass du das

Gegenteil erlebst und dir manches Mal wünschst, dass dein Kind dich mehr *brauchen* würde, doch es ist ein echter Weltentdecker und benötigt weniger Nähe.

Bindungshunger haben wir auch als Erwachsene, denn wir sehnen uns nach erfüllender Beziehung. Spätestens nachdem wir unseren Traumpartner geheiratet haben, merken wir aber irgendwann, dass dieser Bindungshunger in uns von keinem Menschen wirklich vollkommen gestillt werden kann. Es bleibt ein Loch in unserem Herzen, eine Sehnsucht nach mehr.

Manche Menschen brauchen viele Jahre, bis ihnen diese Leere bewusst wird, doch wir alle finden tiefen Frieden und wirklich lebendige, erfüllende Verbindung nur in der Beziehung zu Gott – unserem himmlischen Vater. Er allein kann unseren Herzenshunger wirklich stillen.

Dabei ist er uns nie fern, er ist ein Vater, der alle Zeit in unserer Nähe ist und auf unsere Bitte wartet, mit uns in Verbindung zu treten. Er will so nah bei uns sein, dass er es in der Bibel *in uns wohnen* nennt. Wir könnten es auch so formulieren, dass er einen innigen Körperkontakt mit uns aufbaut, sobald wir ihn dazu einladen.

> ***Jesus sagte: „Wer mich liebt, richtet sich nach dem, was ich gesagt habe. Auch mein Vater wird ihn lieben, und wir beide werden zu ihm kommen und für immer bei ihm bleiben."***[4] **Johannes 14,23 (Hfa)**

Nähe zu Gott zu erleben, ist das tiefste Bedürfnis unseres ganzen Seins.

Ich aber darf dir immer nahe sein, das ist mein ganzes Glück! Dir vertraue ich, Herr, mein Gott.
Psalm 73,28 (Hfa)

Fragen zum Weiterdenken

- Wie geht es dir in der Beziehung zu deinem Kind? Fordert es viel körperliche Nähe ein?
- Spürst du diese Sehnsucht nach erfüllender Bindung auch in dir?
- Ist dir die Nähe Gottes in deinem Alltag bewusst oder sehnst du dich danach, dass du seine Gegenwart neu wahrnimmst? Du kannst ihn jederzeit bitten, sich dir zu zeigen.

Aktivität mit deinem Kind

- Kuschelzeit: Mit deinem Kleinkind kannst du ein Nest oder eine Kuschelecke aus Decken und Kissen bauen und eine tägliche Kuschelzeit als Ritual einführen. Deinem größeren Kleinkind kannst du vielleicht schon erste Bilder mit deinem Finger auf den Rücken *malen*, wie einen Ball oder eine Sonne, die es erraten kann. Und dein Baby kannst du sanft mit einer Feder oder einem Wattebausch streicheln.

Stillen

Für mich ist es ein wunderschönes Bild, eine Mutter ihr Kind stillen zu sehen. So verbindet das Stillen das Bedürfnis des Kindes nach Versorgung mit seinem Bedürfnis nach Nähe und unterstützt auch durch den Hautkontakt den Bindungsaufbau zwischen Mutter und Kind.[5] Dabei handelt es sich um weit mehr als bloße Nahrungsaufnahme, das wird auch in der Bibel schon formuliert: „Du, Herr, hast mich aus dem Leib meiner Mutter gezogen. Schon an ihrer Brust hast du mich Vertrauen gelehrt." (Psalm 22,10, Hfa).

Das begeistert mich! Das Stillen lehrt Vertrauen, Vertrauen in zuverlässige Versorgung und Beziehung. Doch es ist vielleicht gerade deshalb stark umkämpft und in unserem Alltag kaum thematisch präsent, bevor wir Mutter werden.

Viele Frauen haben vor ihrem ersten Kind kein Vorbild gehabt und sich noch nie Gedanken um das Stillen gemacht, weshalb der Stillstart total erschreckend und schmerzvoll sein kann. Außerdem fehlt Frauen oftmals die nötige Unterstützung und Anleitung, auch wenn sie gerne stillen würden. Wenn es dann trotz aller Mühen nicht funktioniert hat, können Schuld- und Schamgefühle Mütter quälen, obwohl es heutzutage gute Ersatznahrung gibt.

Mit Flaschennahrung kann eine Mama ebenfalls die Bedürfnisse ihres Kindes erfüllen und die Bindung stärken. Der Hautkontakt, der beim Stillen gegeben ist, kann ohne Probleme auch beim Fläschchengeben stattfinden, wenn wir uns der Bedeutsamkeit dieses Hautkontaktes bewusst sind.

Ein hebräischer Name Gottes in der Bibel ist *El Shaddai* und könnte wörtlich übersetzt etwa der *Vollbrüstige* bedeuten. *Schad* wird an vielen Stellen in der Bibel mit *Mutterbrust* übersetzt.

Im ersten Moment mag uns das etwas befremdlich sein, aber eigentlich ist es ein beeindruckendes Bild für Gottes Wesen. Es verdeutlicht, dass Gott unser Versorger ist und dass es bei ihm immer mehr als genug für uns gibt – eben ein Leben in Fülle.

Wenn Gottes Wesen selbst mit dem Bild des Stillens beschrieben wird, kann dies nur bedeuten, dass es zutiefst positiv geprägt ist. So wird zum Beispiel in Jesaja 66,10-13 (Hfa) das Bild einer stillenden Mutter für Gottes Segnungen für seine Kinder benutzt:

> *„Freut euch (...) Lasst euch von ihr trösten wie ein Kind an der Mutterbrust. Trinkt euch satt! (...) Denn ich, der Herr, sage euch: Frieden und Wohlstand werden Jerusalem überfluten wie ein großer Strom. (...) Und an dieser Fülle dürft ihr euch satt trinken. In dieser Stadt werdet ihr euch wie Kinder fühlen, die ihre Mutter auf den Armen trägt, auf den Schoß nimmt und liebkost. Ich will euch trösten wie eine Mutter ihr Kind."*

Hier wird deutlich, dass das Stillen nicht nur Nahrungsweitergabe ist, sondern auch Trost und Liebesbekundung. Gott möchte uns genau das geben und so diese intime Nähe mit uns als seinen Kindern herstellen. Wir können uns an seiner Liebe richtig satt trinken und unsere Seele in ihm jederzeit stillen!

Fragen zum Weiterdenken

- Was sind deine Erfahrungen mit dem Stillen?
- Kennst du den Gedanken, vor Verzweiflung und Schmerz das Stillen abbrechen zu wollen? Falls du gerade noch mitten in diesem Prozess bist, möchte ich dich ermutigen, Gott um Hilfe zu bitten.
- Kennst du diese tiefe *Seelenruhe* nach einem Gespräch mit dem Vater, mit Gott?

Aktivität mit deinem Kind

- Noch mehr Hautkontakt: Probiere doch einmal eine Baby- oder Kleinkindmassage aus. Online findet man dazu viele Anleitungen.

Getragen

Babys wollen viel und gern getragen werden – sie fordern dies meist intuitiv ein. Mittlerweile hat man die Bedeutsamkeit des Tragens ganz neu entdeckt: Nicht nur, dass es das Beziehungsband durch den Körperkontakt stärkt – es kann bei richtiger Trageweise die Kinder auch in ihrer motorischen Entwicklung unterstützen.[6]

Tragen bedeutet für das Kind pure Geborgenheit ganz nah am Herzschlag der Mutter oder des Vaters, außerdem Wärme und Sicherheit. Manche Mütter schwärmen von der Praktikabilität von Tragetüchern und Tragesystemen – endlich die Hände frei haben und Kinderwagenhindernisse wie Treppen im Nu überwinden. Ich persönlich habe das Tragen meiner Kinder in Tragetüchern auch sehr geliebt!

Andere berichten von Kindern, die das Tragen im Tuch nicht zu mögen scheinen, oder von starken Rückenschmerzen, die das Tragen sehr erschweren bis unmöglich machen. Manchmal kann der Papa des Kindes diese Aufgabe gut übernehmen und für einige hat der gute alte Kinderwagen doch seine Vorteile.

Gott ist ein Vater, der seine Kinder trägt, dazu finden wir in der Bibel beispielsweise diese Verse:

Ihr habt erlebt, wie der Herr, euer Gott, euch den ganzen langen Weg durch die Wüste bis hierher getragen hat, wie ein Vater sein Kind trägt. 5. Mose 1,31 (NLB)

Er wird seine Herde weiden wie ein Hirte; die Lämmer wird er in seinen Arm nehmen und im Bausch seines Gewandes tragen; die Mutterschafe wird er sorgsam führen. Jesaja 40,11 (SÜ)

„Im Bausch seines Gewandes", das klingt tatsächlich sehr nach Tragetuch, oder? Und das muss bei den Hirten der damaligen Zeit auch ganz ähnlich ausgesehen haben. Gott möchte uns als seine Kinder nah an seinem Herzen tragen, so nah, dass wir seinen Herzschlag spüren können, und dann beginnt unser Herz, für das zu schlagen, wofür auch sein Herz schlägt.

Aus eigener Erfahrung kann ich sagen, manchmal ist es für mich wirklich spürbar gewesen, wie er meine Seele in seinen Armen hielt – manchmal aber auch nicht. In solchen Zeiten ging es mir wie den Kindern, die sich in einem großen Gefühlschaos nicht auf den Arm nehmen lassen wollen. Ich war dann so traurig, wütend und verwirrt, dass ich seine Nähe einerseits einforderte und andererseits ablehnte. Aber ich bin mir sicher, dass er uns immer tragen will und es auch dann tut, wenn wir es nicht wahrnehmen können.

Fragen zum Weiterdenken

- Was sind deine Erfahrungen mit dem Tragen?
- Hast du eine Trageberatung in Anspruch genommen?
- Wann fühltest du dich von Gott getragen?

Aktivität mit deinem Kind

- Verschiedene Tragepositionen helfen dem Kind, seinen Gleichgewichtssinn und sein Körpergefühl zu entwickeln. Probiert sie aus – natürlich altersangemessen: auf dem Rücken oder auf den Schultern. Dazu könnt ihr dann ein passendes Lied singen oder sprechen:
  Ich trag dich über Stock und Steine – etwas wackeln oder hüpfen,
  Ich habe ganz, ganz starke Beine – stampfen *Ich trag dich eine ganze Weile*
  Wenn's sein muss auch noch eine Meile – weiter laufen
  Ich trag dich über alle Bäche – großen Schritt machen
  Ich zeige dabei keine Schwäche
  Ich trag dich, denn du bist mein Kind
  Komm lass uns fliegen mit dem Wind – Kind „fliegen lassen" im Fliegergriff mit Windgeräuschen

Mit allen Sinnen

Unsere Kleinen erkunden ihre Umwelt nicht nur mit ihren Händen, sondern zu Beginn besonders viel mit dem Mund. Deshalb ist es wichtig, leicht verschluckbare Kleinteile von ihnen fernzuhalten. Es sieht oft sehr lustig aus, wie sie versuchen, alles, was ihnen in den Weg kommt, in den Mund zu nehmen, um es zu untersuchen.

Unser Mund ist eine sensible Wahrnehmungszone, in der Gegenstände intensiver erforscht werden können. Um etwas oder jemanden gut kennenzulernen, nutzen wir all unsere Sinne – Schmecken, Riechen, Tasten, Hören und Sehen. Sehen, Hören und Riechen werden als Fernsinne bezeichnet, während das Schmecken und Fühlen als Nahsinne beschrieben werden. Während wir uns selbst oft gar nicht mehr so bewusst sind, welche Sinneseindrücke wir gerade wahrnehmen, können wir bei Kindern gut beobachten, wie sie mit allen Sinnen ihre Umwelt zu begreifen versuchen.

Brauchen auch wir all unsere Sinne um den, der sie uns geschenkt hat, wahrzunehmen? Können wir Gott mit all unseren Sinnen kennenlernen? Ich denke ja. Gott ist ein Gott, der zwar vorwiegend für unsere Augen unsichtbar ist, und dennoch können wir ihn *sehen* – in Werken der Liebe, in der Person Jesu, in der Schönheit seiner Schöpfung.

Es gibt Menschen, die berichten, in einer intensiven Gebetszeit die Gegenwart Gottes auch als wunderschönen Geruch wahrgenommen oder Gottes Stimme akustisch gehört zu haben. Und wenn wir die Bibel aufschlagen, finden wir Berichte davon, dass Gott hörbar mit Menschen gesprochen hat und ihnen in verschiedener Form in Visionen oder Träumen erschienen ist. Der Psalmist fordert uns auf:

> *Schmeckt und seht, dass der Herr gut ist. Freuen darf sich, wer auf ihn vertraut!* Psalm 34,9 (NLB)

Dieser Vers lässt mich glauben, dass wir Gott tatsächlich mit allen Sinnen erfahren können. Eine Freundin machte mich darauf aufmerksam, dass hier zuerst das Schmecken und dann das Sehen erwähnt wird. Deshalb ist es sicher hilfreich, dass wir Gott zunächst persönlich in seiner Güte erleben, seine Nähe spüren. Dann können wir später ihn auch aus der Ferne erkennen, weil wir ihn *geschmeckt* haben.

Dass wir den Gebrauch unserer geistlichen Sinne üben müssen, steht auch im Hebräerbrief (Hebräer 5,14). Ich selbst erlebte einmal, wie Gott mir während des Lesens in der Bibel eine so tiefe Offenbarung seiner Güte schenkte, dass mir die Tränen kamen, und ich verstand, was David fühlte, als er diesen Vers schrieb: „Wie süß schmecken mir deine Worte, sie sind süßer als Honig" (Psalm 119,103, NLB). Ein anderes Mal erlebte ich, wie Gottes Gegenwart für mich körperlich spürbar wurde, und ich glaube, dass Gott jedem Menschen diese Erlebnisse schenken möchte.

Dennoch ist Glaube mehr als sinnliches Erleben, er ist das Erfahren und eine tiefe Gewissheit im Herzen, die Gott in uns bewirken kann.

Fragen zum Weiterdenken

- Hast du dein Kind beim Erkunden der Welt schon mal beobachtet? Was fällt dir dabei auf?
- Hast du Gott bereits mit einem deiner Sinne wahrnehmen können?

Aktivitäten mit deinem Kind

- Beobachte dein Baby beim *Mundeln* und Erkunden und sprich dabei mit ihm. Sage Sätze wie: „Der Bauklotz ist hart.“, „Der Beißring ist weich und verformt sich.“
- Probiere gemeinsam mit deinem Kleinkind verschiedene Geschmäcker aus: süß, sauer, salzig.

Gemeinsam staunen

Frühling! Für mich ist das die Jahreszeit, in der ich die Natur um mich herum besonders stark wahrnehme – alles wird wieder lebendiger und bunter. In Regenpfützen springen, auf umgefallenen Bäumen balancieren, Bienen bei ihrer Arbeit auf einer Blüte beobachten ... Die Schönheit von Gottes Schöpfung gemeinsam mit meinen Kindern zu entdecken, macht mir viel Freude.

Mein Sohn hat mit etwa eineinhalb Jahren eine halbe Ewigkeit lang Käfer begutachtet. Die Natur gemeinsam zu bewundern und zu bestaunen, kann einen Augenblick inniger Verbundenheit entstehen lassen – mit Gott und miteinander. Jede Jahreszeit hat dabei ihre Besonderheiten für mich.

Vielleicht kennst du das Montessori-Konzept, Kindern eine möglichst anregende Umwelt zu gestalten, um sie in Kreativität und Eigenständigkeit zu fördern. Die anregendste Umwelt haben wir oft fast vor der Haustür. Kinder sind heutzutage nicht mehr selbstverständlich viel an der frischen Luft, obwohl dies für sie so gut und wichtig ist. Ein Wald regt Entdeckertum und Kreativität der Kinder an und Wasserbäche sind ebenfalls beliebte Spielplätze für die Kleinen.

Wir Menschen scheinen den Kontakt zur Natur immer mehr zu verlieren, obwohl viele Studien zeigen, welch positiven Einfluss es auf unsere Gesundheit hat, wenn wir viel Zeit in der Natur verbringen[7], und wie es gerade Kinder in ihrer Entwicklung fördert[8].

Mich beeindruckt immer ganz besonders, wie Gott die Erde gemacht hat, wie er alles miteinander in ein komplexes Zusammenspiel gefügt hat. Ich kann mich nicht sattsehen, an der Schönheit der Natur, an einem Sonnenuntergang, an einem blühenden Magnolienbaum oder einem Herbstwald.

Gott als Vater hat uns eine anregende Umwelt bereitet, die wir entdecken und genießen können. Sie lädt uns ein, sie zu erforschen und zu gestalten. Und auch wenn sich diese Schöpfung manchmal ebenso sehr wie wir nach der Befreiung von Tod und Zerfall sehnt, lässt sie uns doch bereits erahnen, wie wundervoll es einmal sein wird, wenn wir ganz bei Gott sein werden. In der Natur begegnen wir unserem Vater, können ihn in seiner Schönheit wahrnehmen und uns so viel leichter mit ihm verbinden.

> *Gott ist zwar unsichtbar, doch an seinen Werken, der Schöpfung, haben die Menschen seit jeher seine ewige Macht und göttliche Majestät sehen und erfahren können.* Römer 1,20 (Hfa)

Fragen zum Weiterdenken

- Wie entdeckst du mit deinem Kind die Natur? Hattet ihr besondere Erlebnisse?
- Von Gottes Größe und Einfallsreichtum schwärmen: Was beeindruckt dich an der Natur besonders? Gab es einen Anblick, der dir Ehrfurcht einflößte?

Aktivität mit deinem Kind

- Baut einen Barfußpfad mit Steinchen, Gras, Sand, Erde, Reiskörnern, knisterndem Laub und anderen Dingen und geht gemeinsam darüber.

Not und Trost

Wenn unsere Kleinen anfangen, die Welt um sie herum zu entdecken, ist es schnell passiert: Bautz liegen sie auf der Nase oder haben sich gestoßen. Da helfen Mamas oder Papas tröstende Arme besonders gut. Denn wenn wir Menschen Leid erleben, wird ein starkes Bindungsverhalten in uns ausgelöst und wir suchen Trost in Beziehungen mit anderen. Als Mamas sind wir innerlich stark bewegt, wenn unser Kind weinend zu uns kommt. Dann Trost spenden zu können, empfinde ich stets als Ehre und einen Ausdruck von starker Verbundenheit.

Vielleicht erlebst du es aber auch als belastend, wenn dein Baby sich nur von dir beruhigen lässt. Womöglich fühlen sich dadurch dein Partner oder die Oma sogar zurückgewiesen. Lass dich dadurch nicht verunsichern, denn die Persönlichkeit deines Babys spielt dabei bereits eine große Rolle, wie Wissenschaftler entdeckt haben.[9] Zudem können wir uns nur von Menschen trösten lassen, bei denen wir uns ganz öffnen und fallen lassen können. Und für den Tröster gilt, dass er, um wirklich Trost spenden zu können, mitfühlend sein und die Not des Kindes sehen muss. Dabei hilft es sehr, wenn er in Worte fasst, was es empfindet, damit es sich verstanden fühlt.

Doch es gibt auch immer wieder Kinder, sogenannte Schreibabys, die sehr viel weinen. Wenn dein Kind aus unerfindlichen Gründen häufig und lange weint, ist das sehr schwer auszuhalten. Dann brauchst du selbst einen starken Tröster an deiner Seite.

Die Bibel beschreibt uns immer wieder, wie sehr Gott als Vater das Leid seiner Menschenkinder mitfühlt. Er ist voller Erbarmen – ein altes Wort, in dem viel Tiefe steckt.

> *Gepriesen sei Gott, der Vater von Jesus Christus, unserem Herrn. Er ist der Ursprung aller Barmherzigkeit und der Gott, der uns tröstet.*
> 2. Korinther 1,3 (NLB)

Die Tatsache, dass Gott in Jesus Mensch wurde, lässt uns sogar mehr als sicher sein, dass er all unsere Not nachempfinden kann. Vielleicht kennst du auch das Sprichwort: „Not lehrt beten.“ Viele Menschen erzählen, dass sie zwar eigentlich nicht an Gott glaubten, sich aber in ihrer tiefsten Verzweiflung doch an ihn wandten und ihn daraufhin erlebten. Leid und Not lösen einen so starken Bindungsalarm in uns aus, dass wir nach unserem Vater im Himmel schreien wie unsere Kinder nach uns, wenn sie in Not sind.

Und Gott beantwortet dieses Schreien. Er möchte uns als unser Vater Trost schenken und unsere *sichere Burg* sein, wann immer wir Angst oder Verletzung erleben. In seinen Armen sind wir geborgen und bei ihm ist der Ort, an dem wir weinen können.

> *Geduldig hoffte ich auf die Hilfe des HERRN,*
> *und er wandte sich mir zu und hörte mein Schreien.*
> Psalm 40,2 (NLB)

Frage zum Weiterdenken

- Wann hast du dich so richtig getröstet gefühlt? Und wo brauchst du gerade Trost?

Aktivität mit deinem Kind

- Verarztet doch mal gemeinsam die Kuscheltiere deines Kindes mit Pflastern und Verbänden.

Die Stimme

Weißt du noch, was die ersten Worte waren, die du zu deinem Baby gesagt hast, als es frisch geboren in deinen Armen lag? Wie hast du es begrüßt?

Bereits etwa ab der 20. Schwangerschaftswoche kann unser Baby unsere Stimme hören. Es wird also lange Zeit, bevor es uns sieht, mit dieser Stimme bekannt, sodass es auf dieser neuen Welt, bereits etwas Vertrautes hat – die Stimme seiner Mutter und vielleicht auch schon ein wenig die des Papas, wenn er gerne viel mit dem *Bauchbewohner* gesprochen hat. Bindung beginnt also schon im Mutterleib.

Etwas ungewohnt werden sich die Stimmen für das Baby nach der Geburt jedoch anhören – so ganz ungedämpft und nicht mehr von Magenblubbern begleitet, vielleicht ein wenig sonderbar, aber doch auch viel wunderschöner, klarer und deutlicher. Weil unser Baby unser Sprachmuster aber gut verinnerlicht hat, ist es weniger der Klang, den es wiedererkennen muss. Erst jetzt ergibt es für das Baby Sinn, die verschiedenen Laute seiner Eltern genau wahrzunehmen und zu lernen, darauf zu reagieren und schließlich zu antworten – anfangs mit niedlichen Übungslauten.

Uns Menschen kann es ganz ähnlich mit der Stimme unseres himmlischen Vaters gehen: Als wir noch ohne Gott in der

Dunkelheit lebten, hörten wir seine Stimme höchstens gedämpft und undeutlich. Vielleicht las uns jemand mal einen Bibelvers vor, aber dieser schien uns nichts zu sagen. Doch wenn wir geistlich neugeboren werden, dann können wir die Stimme Gottes plötzlich sehr klar hören.

> *Meine Schafe hören auf meine Stimme; ich kenne sie, und sie folgen mir.* Johannes 10,27 (NLB)

Nachdem ich schon einige Jahre als Christin lebte, musste ich neu auf diese Tatsache aufmerksam gemacht werden. Ich war zu diesem Zeitpunkt sehr verunsichert und musste erst wieder lernen, Gottes Stimme wahrzunehmen und darauf zu vertrauen, dass er es war, der zu mir sprach.

Auch du kannst als Kind Gottes seine Stimme in deinem Herzen hören und falls du dir da noch nicht so sicher bist, will ich dich dazu ermutigen, dich danach auszustrecken, weil es meine eigene Beziehung zu Gott so positiv verändert hat. Gott will dir antworten, wenn du ihm Fragen stellst, dir Impulse mitten in deinem Alltag geben und dir einfach zwischendurch, während du die Wäsche in die Maschine stopfst, zuflüstern: „Ich liebe dich!"

Fragen zum Weiterdenken

- Auf welche Weise spricht Gott zu dir?
- Wie nimmst du Gottes Stimme, sein Reden in deinem Leben wahr? Wann kannst du ihn am besten hören?

Aktivitäten mit deinem Kind

- Klänge unterscheiden: Du kannst Alltagsgegenstände wie zum Beispiel Töpfe oder Plastikdosen nehmen, darauf schlagen, ohne dass dein Kind sieht, welchen Gegenstand du gewählt hast, und dann lässt du dein Kleinkind erraten, mit welchem Gegenstand du das Geräusch gemacht hast.
- Macht zusammen Tiergeräusche nach: Was sagt die Kuh?

Home sweet home

„Zuhause“, was verbindest du mit diesem Begriff? Ein Zuhause zu schaffen, zu gestalten, ist unter anderem eine Aufgabe von uns Müttern – eine, die mir tatsächlich sehr viel Freude macht. Erinnerst du dich noch an den plötzlichen Nestbautrieb in deiner Schwangerschaft?

Manchmal erinnern sich die Männer mehr an diese Zeit als die Frauen, denn für die werdenden Väter ist es vielleicht mit weniger Freude verbunden, wenn wir Frauen damit loslegen und sie fragen: „Schatz, wann bringst du endlich die Gardinenstange an? Wir brauchen unbedingt einen Teppich im Babyzimmer. Fährst du bitte mit mir in den Baumarkt, die Wände müssen gestrichen werden. Was hältst du von diesem Rosa?“

Ein Zuhause besteht jedoch aus mehr als aus materiellen Dingen. Eine gemütliche Einrichtung ist hilfreich, aber da gibt es eine viel tiefere und bedeutendere Ebene, auf der ein Zuhause entsteht. Es ist die Atmosphäre von Geborgenheit und bedingungsloser Annahme. Es ist der Ort, an dem wir einfach sein können, durchatmen können. Für unsere Babys ist dieser sichere Ort in der ersten Zeit untrennbar mit Mama und Papa verbunden.

Auch als Gottes Kind habe ich diesen Ort, an dem ich bedingungslos angenommen bin und zur Ruhe komme. Jesus sein Leben anzuvertrauen, ist wirklich wie nach Hause zu kommen.

In dem Moment, in dem ich mich für diesen Schritt entschied, habe ich eine Liebe und eine Freude gespürt, die ich mit nichts anderem vergleichen kann. Er hat den Weg zum Vater wieder frei gemacht, damit wir nach Hause kommen können. Denn in der Gegenwart Gottes zu sein, war von Anfang an unsere Bestimmung. Er ist unser Zuhause.

> *Er ist gekommen und brachte die Botschaft des Friedens euch, die ihr fern von ihm wart, und den Juden, die ihm nahe waren.*
> *Durch das, was Christus für uns getan hat, können wir jetzt alle (...) in einem Geist zum Vater kommen. Deshalb seid ihr nicht länger Fremde (...), sondern ihr gehört zu den Gläubigen, zu Gottes Familie.* Epheser 2,17-19 (NLB)

Falls du dieses Zuhause noch nicht kennengelernt hast, möchte ich dich einladen: Komm nach Hause! Wenn du dieses Zuhause schon kennst, bleib nicht fern. Unser Papa wartet mit offenen Armen jeden Tag auf jede von uns. Bleib nah bei ihm! Es ist wie das Wohnen im Wohnwagen (nur wirklich noch viel schöner) – man ist überall immer zu Hause.

Fragen zum Weiterdenken

- Hast du eine lustige Nestbautrieb-Story zu erzählen?
- Wo und wann fühlst du dich zu Hause?

Aktivitäten mit deinem Kind

- Neugeborene fühlen sich oft gepuckt in einer Decke sehr wohl. Probier das doch mal mit einer Anleitung zum Pucken aus.
- Baut ein Haus aus Bausteinen, Lego Duplo oder Kartons.

Kunstwerke

Weißt du noch, wie es war, als du dein Kind das allererste Mal sahst? Wenn wir unseren kleinen Schatz ansehen, dann kommen wir einfach ins Schwärmen, oder? Unser Kind ist schlichtweg wundervoll und wunderschön. Wir lieben seine Besonderheiten, die kleine freche Locke auf seinem Kopf, die sich einfach nicht bändigen lassen möchte, die kleine Stupsnase, diese zuckersüßen strahlenden Augen – wir lieben einfach alles an unseren Kindern. Sie sind wahre, einmalige Kunstwerke.

Kunstwerke wollen entdeckt werden. Wenn du mal in einem Museum warst, weißt du, was ich meine. Manche Menschen stehen ewig vor ein und demselben Bild und entdecken immer wieder etwas Neues. Ich bewundere diese Bewunderer.

Gott geht es da nicht anders mit dir und mir! Er ist total begeistert von dir – seiner einzigartigen Kreation. Er hat uns wundervoll gemacht und feiert uns, denn wir sind seine Kunstwerke.

Die Kunst Gottes erkennen wir oft in und an anderen mehr als an uns selbst. Wir staunen über die Schönheit anderer und verkennen gleichzeitig unsere eigene. Kennst du das? Vergleichen war aber nie Gottes Absicht für uns.

Doch gerade nach Schwangerschaften sind wir oftmals optisch mit uns unzufrieden. Dabei erzählt unser Körper doch unsere Lebensgeschichte und jeder Schwangerschaftsstreifen ist ein Beweis dafür, dass unser Kind in uns wuchs. Diese Streifen sind eine Erinnerung an die Freude und Dankbarkeit, die wir in der Schwangerschaft gespürt haben. Sie können uns daran erinnern, wie es war, unser Kind in uns zu spüren, die ersten Bewegungen und die zunehmend festeren Tritte.

Mein Körper hat sich nach zwei Kindern sehr verändert, gleichzeitig fällt es mir aber mittlerweile leichter, mich anzunehmen wie ich bin und zu sagen: „Es ist äußerlich erkennbar, dass etwas Wundervolles in mir geschehen ist, dass ich Leben hervorbringen konnte."

Ebenso wird gute Frucht sichtbar in unserem Leben, wenn wir ein neues Leben durch Jesus empfangen. Wenn wir ihn in unser Herz einladen, geschieht etwas Übernatürliches mit uns – mit Gottes Kunstwerken. Wir werden zu seinen Meisterstücken.

> *In Christus Jesus sind wir Gottes Meisterstück.*
> Epheser 2,10 (NeÜ)

Fragen zum Weiterdenken

- Was siehst du, wenn du in den Spiegel siehst? Welche Geschichte erzählt dein Körper?
- Was bedeutet für dich der Satz: „Wahre Schönheit kommt von innen?"

Aktivitäten mit deinem Kind

- Gestaltet miteinander Kunstwerke, zum Beispiel mit Fingerfarbe. Ihr könnt auch eine große Tapete ausrollen und darauf „krabbelnd malen".
- Malt im Sandkasten mit dem Finger oder einem Stock.
- Knetet zusammen kunstvolle Figuren.

Windeln und Füße

Die Pflege unserer Kinder ist nicht immer die angenehmste Aufgabe. So manches Mal habe ich mich gewundert, über Farbe oder Konsistenz dessen, was ich da so in den Windeln vorfand – vorher hatte ich mir nie Gedanken darüber gemacht. Das Wickeln fällt uns Müttern dennoch nicht schwer. Wir machen es ganz selbstverständlich, denn es gehört eben dazu. Wir versorgen unsere Kinder – einfach, weil sie unsere Kinder sind, weil wir sie lieben.

Heutzutage gibt es viele verschiedene Windelmarken und -techniken. *Windelfrei* und der Gebrauch von Stoffwindeln sind Themen, die in den letzten Jahren in unserer Gesellschaft wieder mehr Beachtung fanden. In anderen Kulturen ist das Abhalten der Babys gang und gäbe. Ich bewundere Mütter, die sich eingehend damit beschäftigen, einfach ausprobieren und sich auf natürliche Wege im Umgang mit ihren Säuglingen begeben. Den Mut dazu hatte ich bei unseren Kindern nicht, denn unsere Windeln schienen uns den Alltag doch sehr zu erleichtern.

Vielleicht seid ihr aber gerade schon dabei, eurem Kind beizubringen, das Töpfchen zu benutzen. Weil Kinder in ihrer Entwicklung sehr individuell sind, ist der richtige Zeitpunkt, ihnen den Gang zur Toilette beizubringen, sehr unterschiedlich. Kleine Signale des Kindes wahrzunehmen und zu bestärken, dass es dazu bereit ist, ist eine große Kunst, und Geduld die große Tugend in diesem Prozess.

Auch unser himmlischer Vater pflegt seine Kinder. Er wäscht und reinigt uns im übertragenen Sinne. So kniete sich Jesus hin und wusch jedem seiner Jünger selbst die Füße. Er überraschte sie damit vollkommen.

> *„Nein", protestierte Petrus. „Du sollst mir niemals die Füße waschen!" Jesus erwiderte: „Wenn ich dich nicht wasche, gehörst du nicht zu mir."* Johannes 13,8 (NLB)

Gott ist sich nicht zu schade gewesen, als Vater den Schmutz von seinen Kindern höchstpersönlich abzuwaschen. Er nahm unsere Verfehlungen und lud sie auf sich, damit wir wieder *rein* sind. Diese Reinigung kann nur er an uns vollbringen und ohne sie können wir nicht so innig mit ihm verbunden sein, wie er es sich wünscht.

Wenn du einmal Jesus deine Sünde bekannt und ihn als Herrn angenommen hast, bist du reingewaschen und bekommst einen neuen Status: Tochter Gottes.

> *Doch wenn wir ihm unsere Sünden bekennen, ist er treu und gerecht, dass er uns vergibt und uns von allem Bösen reinigt.* 1. Johannes 1,9 (NLB)

Und die Taufe ist ein Glaubensschritt, der dies sehr gut ausdrückt:

> *Die Taufe ist keine körperliche Reinigung, sondern die Bitte an Gott um ein reines Gewissen. Dies ist möglich durch die Kraft der Auferstehung von Jesus Christus.* 1. Petrus 3,21 (NLB)

Fragen zum Weiterdenken

- Wickeln und Töpfchen – was sind deine Erfahrungen oder Fragen hierzu?
- Hast du dich taufen lassen? Wie war das für dich? Was verbindest du damit?

Aktivität mit deinem Kind

- Wasserspiele: Lass dein Kind das Ein- und Umfüllen von Flüssigkeiten mit verschiedenen Bechern üben, zum Beispiel draußen oder in der Badewanne. Ihr könnt auch gemeinsam entdecken, welche Gegenstände untergehen oder auf dem Wasser schwimmen – Löffel, Papier, Badeente ...

Beikoststart

Am Anfang ist es recht simpel mit der Ernährung – unsere Babys brauchen einfach nur Milch. Es war jedes Mal ein wundervoller Moment für mich, mein Baby in den Armen zu halten und zu sehen, wie es sich tief entspannte, wenn es die ersten Züge getrunken hatte. Ich weiß aber auch noch, wie unsicher ich dann bei meinem ersten Kind mit der Beikosteinführung war. Was darf ich geben und ab wann? Wie viel? Was, wenn es sich verschluckt?

Ist die breifreie Beikosteinführung der richtige Weg für uns oder der klassische Brei? Oder eine Mischung aus beidem? Mir kam es vor, als hätten wir uns gerade erst nach einem schwierigen Start ins Stillen hineingefunden, als der erste Löffel mit pürierten Möhrchen auch schon an den Mund geführt werden sollte.

Letztendlich lief es dann viel besser als gedacht und das Gesicht des Kleinen zu beobachten, wie er neue Geschmäcker entdeckte, war herrlich. Wir beide hatten Spaß und innige Momente, in denen ich mich bemühte, seine Gesichtsausdrücke zu spiegeln und richtig zu interpretieren. Es gibt einige lustige Fotos mit Nudeln auf dem Kopf und Tomatensoße hinter den Ohren.

Das Bild des Entwicklungsschrittes von Milchnahrung zu fester Speise begegnet uns auch in der Bibel im 1. Korintherbrief. Für uns als Kinder Gottes gibt es ebenfalls zunächst die *einfache Milch* des Evangeliums: Jesus starb für deine Schuld, damit du mit Gott versöhnt wirst.

Als eine durch den Glauben *Neugeborene* muss ich *die Milch* meiner neuen Identität in Christus täglich trinken. Klingt etwas komisch? Im Grunde bedeutet es einfach, dass ich lerne, wer ich nun durch Christus bin – geliebte Tochter, gerecht gemacht, heilig, eine neue Schöpfung, Erbin mit Jesus, zur Freiheit berufen, und dass ich mir bewusstwerde, dass Gottes Geist nun in mir wohnt. Es bedeutet also, einen tiefen Glauben zu entwickeln, indem ich die Wahrheiten aus der Bibel tief in mich aufnehme.

Woran merke ich, ob ich für festere geistliche Nahrung bereit bin? Paulus gibt dafür einen klaren Anhaltspunkt. Er sagt in etwa Folgendes: „Solange ihr euch noch von eurem Fleisch – sprich von euren Gefühlen, Wünschen, Launen – leiten lasst, seid ihr noch nicht für Brei und feste Nahrung bereit. Solange Eifersucht, Streit, Neid, Habgier oder Hass in euren Herzen ist, ist Milch angesagt."

Die Wurzel eines solchen Verhaltens ist, dass wir Gottes Versorgung noch nicht so ganz vertrauen. Stattdessen versuchen wir, unsere Bedürfnisse, selbst zu stillen. Ich muss mir in solchen Situationen immer neu bewusst machen, wer ich dank Jesus bin und wie sehr Gott mich liebt, damit ich schließlich wie der Psalmist sagen kann: „Ich bin zur Ruhe gekommen, mein Herz ist zufrieden und still. Wie ein kleines Kind in den Armen seiner Mutter, so ruhig und geborgen bin ich bei dir!" (Psalm 131,2; Hfa).

Es ist nicht schlimm, wenn ich manchmal feststelle, dass ich noch (oder wieder) *Milch* benötige. Auch meine Kinder haben hin und wieder eine Tischmahlzeit verweigert und stattdessen Milch eingefordert, vor allem wenn es ihnen nicht gut ging.

Ich habe beide Kinder jeweils über zwei Jahre lang noch hin und wieder gestillt. Ebenso braucht es Zeit, bis dein Herz gelernt hat, wie geliebt und beschenkt du von Gott wirklich bist!

Fragen zum Weiterdenken

- Wie ging/geht es dir mit der Beikosteinführung?
- Was macht deine neue Identität aus? Welche biblische Wahrheit über Gott oder über dich als neuen Menschen kannst du noch nicht so ganz glauben?

Aktivitäten mit deinem Kind

- Macht ein Picknick, ganz egal, ob draußen oder drinnen.
- Auch Essen möchten Kinder gerne mit den Händen entdecken, lass dein Kind ruhig ein wenig damit experimentieren und auf dem Tisch *malen*, es fördert seine Sinneswahrnehmung.

Wachstumsschübe

Plötzlich weint dein Baby viel, ist unruhiger und will immer wieder an die Brust, oder dein Kleinkind ist launisch oder ängstlicher – dahinter kann ein Wachstums- und Entwicklungsschub stecken. Der erste beginnt sogar bereits im Alter von etwa 5 Wochen.[10]

Unsere Kinder in solchen Phasen zu begleiten, kann echt herausfordernd sein. Ältere Babys oder Kleinkinder sind dann plötzlich wieder sehr anhänglich und die Nächte sind schwierig. Ein Wachstumsschub kann für unsere Kinder und für uns Mamas nervenaufreibend und mit hoher Kraftanstrengung verbunden sein.

Wachstumsschübe müssen wir gemeinsam mit unserem Kind durchstehen und in dieser Zeit besonders sensibel für seine Bedürfnisse sein. Am Ende eines Schubs werden wir aber glücklicherweise mit einer neuen Fähigkeit oder einer erweiterten Wahrnehmung unseres Kindes belohnt. Das hilft uns, zu jedem dieser Schübe ein Ja zu finden.

Wenn wir viel Gemeinschaft mit Gott haben, wird auch unser geistliches Wachstum ganz natürlich weiter fortschreiten. Wachstum im Glauben geschieht oftmals in Verbindung mit größeren Herausforderungen. So ist Leid, das unser Vertrauen in Gott auf die Probe stellt, immer auch eine Chance. Das bedeutet aber nicht, dass dieses Leid uns von Gott geschickt wird, nur leider gehören Bedrängnisse zu jedem Leben dazu.

Gott verwandelt diese für uns in Wachstumsschübe, denn er sagt: „Denen, die mich lieben, müssen alle Dinge zum Besten dienen" (nach Römer 8,28; LUT). Was für ein Vater! Gott ist uns in jedem unserer *Schübe* ganz nah, und er ermutigt uns durchzuhalten.

Geistliche Wachstumsschübe können ganz unterschiedlich aussehen. Manchmal geht es um eine bestimmte Entscheidung, Gott in irgendeiner Sache zu folgen, die uns Überwindung und Mut kostet. Doch auch ein besonders positives Erlebnis mit Gott kann uns innerhalb kurzer Zeit einen Glaubens-Wachstumsschub schenken.

Das versetzt uns oft in Staunen und wir müssen diese neue Ebene des Glaubens erst einmal begreifen. Ähnlich wie unsere Kinder sich an neue Fähigkeiten in einem Entwicklungsschub gewöhnen müssen und diese schließlich mit etwas Übung geschickt einsetzen.

> *Ich aber darf wachsen und gedeihen wie ein Ölbaum, der im Schutz von Gottes Haus grünt. Für alle Zeiten weiß ich mich geborgen, weil Gott mir gnädig ist.*
> Psalm 52,10 (Hfa)

Fragen zum Weiterdenken

- Wie hast du die Wachstumsschübe deines Kindes erlebt?
- Wo oder wie hast du Wachstum in deinem Glaubensleben erlebt? Gab es ein Ereignis, das dich im Glauben in ein tieferes Vertrauen zu Gott geführt hat?

Aktivitäten mit deinem Kind

- Nimm die Händchen deines Babys und sage dazu: „Jetzt bist du so klein.“ Führe seine Arme nun nach oben, während du die Hände weiter festhältst und sage: „Und bald bist du soooo groß.“ Das kannst du gerne mehrmals wiederholen.
- Suche verschieden große Kuscheltiere zusammen und frage dein Kleinkind, ob es die Tiere nach ihrer Größe ordnen kann.
- Zeige deinem Kind anhand von Fotos oder einer Messlatte, wie sehr es schon gewachsen ist.

„Marthamütter"

Neigst du dazu, dir viele Sorgen zu machen und immer extrem beschäftigt zu sein? Bist du innerlich unruhig? Die mütterlichen Herausforderungen in der Säuglings- und Kleinkindphase sind enorm. Ich denke, gerade wir Mütter laufen oft Gefahr, uns zusätzlich noch in den *Fangnetzen* des hohen Anspruchs an uns selbst, des eigenen Perfektionismus wiederzufinden und schließlich völlig erschöpft zu sein. Es ist so wichtig, dass wir unsere Prioritäten gut setzen und lernen, Sorgen abzulegen.

Unser himmlischer Vater zeigt uns durch seinen Sohn Jesus Christus in einer Begebenheit in den Evangelien, wie wir das tun können. Als Martha sich beschwert, dass ihre Schwester Maria ihr bei der Bewirtung der Gäste nicht hilft, weist Jesus nicht Maria zurecht, sondern Martha: „Doch der Herr sagte zu ihr: ‚Meine liebe Marta, du sorgst dich um so viele Kleinigkeiten! Im Grunde ist doch nur eines wirklich wichtig. Maria hat erkannt, was das ist – und ich werde es ihr nicht nehmen'" (Lukas 10,41; NLB).

Statt sich zu sorgen und beschäftigt zu sein, begibt sich Maria ganz in die Gegenwart Jesu. Sie setzt sich neben ihn, sie hört ihm zu, bleibt nah an seinem Herzen und lässt sich einfach von ihm erfüllen. Martha hingegen strengt sich an, versucht das Richtige zu tun, die möglichen Erwartungen anderer zu erfüllen und ... sie verpasst dadurch das Beste.

Bist du (manchmal) eine *Martha-Mama*? Bist du erschöpft, verzweifelt und denkst: *Warum hilft mir denn hier keiner?* Dann lass dich liebevoll von Jesus in seine Gegenwart ziehen. Tanke auf bei ihm, verschieb nicht das Wichtigste – Zeit mit ihm – weil XY erledigt werden muss. Jesus kam, damit wir das Leben in Fülle haben (Johannes 10,10). Aber wir müssen uns auch füllen lassen, uns zu ihm setzen und hinhören. Denn wenn ich Zeit mit Gott verbringe, empfange ich von ihm Kraft, Gnade und Liebe.

Es ist wie bei einem Auto, das regelmäßig tanken muss. Wir bleiben irgendwann liegen, wenn wir mit der Anzeige auf Reserve einfach weiter und weiter auf der Mama-Alltags-Autobahn fahren, und wir bleiben ganz schnell liegen, wenn die Landschaft plötzlich hügeliger wird.

Ich oute mich hiermit offiziell schon mal: Diese Martha-Maria-Lektion musste und muss ich echt lernen und ich war so getröstet, dass an anderer Stelle in der Bibel noch mal steht, dass Jesus uns Marthas wirklich liebt (Johannes 11,5).

Fragen zum Weiterdenken

- Setzt du bewusst Prioritäten? Was steht bei dir ganz oben?
- Was sind deine Sorgenthemen? Wo wünschst du dir mehr Leichtigkeit in deinem Leben?

Aktivitäten mit deinem Kind

- Schreib deine Sorgen auf Zettel, knüll sie zusammen und wirf sie gegen eine Wand oder in einen Mülleimer. Vielleicht kann dein Kleinkind dir dabei helfen und es wird ein Spiel daraus.
- Oder füttert sogenannte Sorgenfresser, kleine Monsterchen aus Stoff mit Reißverschlussmund, mit euren *Sorgen-Knüllchen*.

Wieder Kind sein

Kinder sehen die Welt mit völlig anderen Augen als wir und nehmen sie ganz anders wahr. Das fängt schon damit an, dass ihre Raumwahrnehmung sich von unserer unterscheidet – manchmal wundern wir uns, wenn wir nach Jahren zum Beispiel in unseren früheren Kindergarten kommen und dann denken, *irgendwie ist der Raum geschrumpft.*[11] Auch das Zeitempfinden ist anders bei einem Kind.

Am meisten fasziniert mich aber die unglaubliche Aufmerksamkeit und Fantasie, mit der Kinder die Welt wahrnehmen und sie sich erklären. Und manche Dinge, die aus Erwachsenensicht völlig banal sind, können aus der Sicht unseres Kindes wirklich wichtig sein und echte Probleme darstellen. Manchmal müssen es eben genau diese Turnschuhe sein, die heute angezogen werden, egal, ob es regnet, stürmt oder schneit.

Als Erwachsene laufen wir Gefahr, die Sicht des Kindes schnell als weniger wahr, eben weniger vernünftig einzuordnen, aber eigentlich gibt es einige Dinge, die wir von unseren Kindern lernen können oder an die sie uns wieder ganz neu erinnern. Von meinem ersten Kind durfte ich neu lernen, was es heißt, dass der Weg das Ziel ist, wenn wir spazieren gingen.

Achtsamkeit ist eins der Dinge, in denen Kinder wahre Experten sind. Sie kennen selten Eile und können sich so sehr für kleine Dinge begeistern.

> *Als Jesus das sah, war er sehr verärgert über seine Jünger und sagte zu ihnen: „Lasst die Kinder zu mir kommen. Hindert sie nicht daran! Denn das Reich Gottes gehört Menschen wie ihnen.“* Markus 10,14 (NLB)

Nachdem Jesus das gesagt hatte, nahm er die Kinder in seine Arme und segnete sie. Er fügte sogar noch hinzu, dass man das Reich Gottes wie ein Kind annehmen muss, sonst könne man nicht hineinkommen.

Kinder vertrauen einfach, sie nehmen Gottes Liebe ohne Bedenken an und lassen sich beschenken. Und darin sind sie uns ein Vorbild, denn leider tun wir uns oft schwer, Gott zu vertrauen, an ihn zu glauben, seine Liebe ganz anzunehmen und uns von ihm beschenken zu lassen. Wir meinen vielleicht, wir müssten es uns verdienen oder alles mit dem Verstand begreifen.

Kinder sind in allen Bereichen abhängig von ihren Eltern und genauso müssen wir unsere vollkommene Abhängigkeit von Gott, unserem Vater, annehmen. Der erste Schritt besteht darin, das Geschenk der Liebe, das Jesus uns am Kreuz gemacht hat, zu empfangen. Danach können wir immer mehr lernen, uns nun voll auf Gott zu verlassen.

Fragen zum Weiterdenken

- Was hat dein Kind dir wieder neu beigebracht? Wo hat es dir die Augen geöffnet für Dinge, die du gar nicht (mehr) wahrgenommen hast?
- Warum fällt es uns oft schwer, vor Gott wie ein Kind zu sein? Was hält uns davon ab, seine Liebe anzunehmen und uns in die Abhängigkeit von ihm fallen zu lassen?

Aktivitäten mit deinem Kind

- Mach einen Spaziergang mit deinem Kind ohne Ziel, ohne Zeitdruck und schau, was es dir alles zeigt! (Was hört ihr, was seht ihr, was riecht ihr? Wo will es langgehen?)
- Überlass deinem Kind beim Basteln und Spielen die Führung.
- Zusammen lachen und albern sein: Übernimm du die Rolle des Kindes und lass dein Kind dir die Welt erklären.

Sing + praise

Ein Hauptprogrammpunkt unserer Krabbelgruppentreffs ist das gemeinsame Singen. Es ist so schön zu sehen, wie aufmerksam die ganz Kleinen oft werden, wenn wir singen und wie die Größeren langsam beginnen, mitzusingen und Bewegungen nachzuahmen. Wusstest du, dass das Singen nachweislich die Entwicklung deines Kindes auf vielen Ebenen enorm positiv unterstützt?[12]

Studien dazu haben den Wert des Singens ganz neu wiederentdeckt und tatsächlich soll es sogar die Potenzialentfaltung des Gehirns in jeder Lebensphase fördern. Es ist also auch noch für uns Mamas gut. Deshalb sing in deinem Alltag so viel du kannst – beim Kochen und auf jeden Fall unter der Dusche. Gemeinsames Singen bewirkt außerdem in Gruppensettings eine schnellere Vertrautheit miteinander, was als Eisbrechereffekt beschrieben wird.[13] Es leuchtet ein: Singen ist Herzenssache und verbindet Herzen miteinander.

Musik ist für mich ein großes Geschenk Gottes und er liebt es, wenn wir als seine Kinder für ihn und zu ihm singen. Er hat uns so geschaffen, dass das Singen uns guttut und es mit ihm und untereinander Verbundenheit bewirkt. Kurz zusammengefasst: Das Singen stärkt Beziehungen. Außerdem ist es einfacher, im Gesang sein Herz sprechen zu lassen und es zu öffnen.

Lobpreis ist so viel mehr als *nette Musik*. In der Bibel heißt es sogar, dass Gott im Lobpreis seiner Kinder *wohnt*. Das beschreibt, wie Gott, wenn wir aus vollem Herzen Loblieder für ihn singen, uns total nah ist oftmals sogar spürbar nah.

Gott ist immer bei uns, er geht überall mit uns hin, aber wenn ich ihn mit Lobliedern preise, dann ist es für mich so, als würde ich ihn zu Hause besuchen. Dann erlebe ich oft, wie er mich vollkommen umsorgt.

Auch wenn Sorgen oder Ängste in meinem Herzen die Oberhand gewinnen, singe ich einfach Worship-Songs und spüre bald, wieviel Kraft darin liegt und wie es mein Herz verändert. Lass dein Herz doch heute einfach Liebeslieder für Gott singen! Ich wünsche dir Begegnungen mit ihm.

Fragen zum Weiterdenken

- Singen verbindet Generationen: Hast du auch die gleichen Lieder, die dir als Kind vorgesungen wurden, nun deinem Kind vorgesungen?
- Was geht in dir vor, wenn du Lobpreis hörst oder singst?

Aktivität mit deinem Kind

- Tanze mit deinem Kind auf dem Arm und wiege es dabei zur Musik.
- Musiziert gemeinsam mit Rasseln oder anderen Instrumenten, ihr könnt auch eine Klanggeschichte begleiten.

To read is to feed

Ich bin ein Bücherwurm und lese meinen Kindern wirklich sehr gerne vor. Geht es dir da genauso oder musst du dich eher dazu durchringen? Wenn das nicht so deins ist, findet sich bestimmt jemand anderes aus eurem familiären Umfeld, der dies gerne übernimmt – da kann man sich als Paar oder in der Familie super ergänzen. Es lohnt sich wirklich, da etwas hinterher zu sein, denn Vorlesen tut unseren Kleinen in ihrer Entwicklung wirklich gut und fördert nebenbei noch die Beziehung zwischen Eltern und Kind!

Das gemeinsame Lesen füttert quasi Hirn und Herz, wenn man es so ausdrücken will, denn es fördert die Sprachentwicklung und erweitert den Wortschatz, es regt die Kinder dazu an, fantasievoll zu spielen und es fördert die emotionale Entwicklung, weil Lesen die Fähigkeit des Mitfühlens stärkt und noch vieles mehr.[14]

Dass das Lesen so positive Effekte hat, muss wohl auch ein Grund für Gott gewesen sein, uns sein Wesen und sein Herz quasi schriftlich zu offenbaren. Es ist sein tiefer Wunsch, dass wir ihn kennenlernen, deshalb gab er uns sein Wort, die Bibel. Sie ist das meistgedruckte und meistverkaufte Buch der Welt. Wie kann das sein, dass dieses alte Buch immer noch so viel Faszination besitzt?

Wer es schon entdeckt hat, weiß warum. Was dort steht – die Geschichte Gottes mit den Menschen –, ist so phänomenal, dass es sich kein Mensch hätte ausdenken können: Ein Gott der Liebe, der sich für seine Geschöpfe opfert, sich so verletzlich macht, um die Menschen wirbt und ihre aufrichtige Liebe zu ihm sucht, und sie doch völlig frei in ihrer Entscheidung für oder gegen ihn sein lässt.

Die Worte in der Bibel sind wahr und sie verändern unser Innerstes. Aber wir brauchen die Hilfe des Autors, die Hilfe unseres himmlischen Vaters, um seine Botschaften wirklich zu verstehen. Genauso wie wir einen Moment der innigen Verbundenheit mit unseren Kindern erleben und wichtige Themen für ihr Leben ansprechen, wenn wir ihnen vorlesen, genauso möchte Gott als unser Vater auch mit uns diese innigen Momente genießen, wenn wir in der Bibel lesen.

Deshalb ist es absolut sinnvoll, ihn dazu einzuladen und ihn zu bitten, beim Lesen zu uns zu sprechen, so wie ein Papa zu seinem Kind. Meine Kinder unterbrechen mich öfter mal beim Vorlesen und stellen mir Fragen. Manchmal unterbreche aber auch ich das Lesen und erkläre eine Sache oder stelle meinem Kind eine Frage zum Gelesenen, um zu erfahren, was mein Kind für Gedanken dazu hat.

Beim Lesen geht es für mich also immer um Beziehung. Lesen ermöglicht uns, Beziehung aufzubauen, zu vertiefen und zu reflektieren. Deshalb möchte ich dich dazu ermutigen: Lies Gottes Wort, füttere deinen Geist damit und bitte ihn, zu dir zu sprechen.

Dein Wort ist eine Leuchte für meinen Fuß und ein Licht auf meinem Weg. Psalm 119,105 (NLB)

Fragen zum Weiterdenken

- Wie empfindest du das Lesen in der Bibel?
- Gibt es bestimmte Schlüsselverse, die dir wichtig geworden sind?
- Wie könnte ein alltägliches Vorlese-Ritual mit deinem Kind aussehen?

Aktivitäten mit deinem Kind

- Gestaltet eine Vorleserunde mit einem Bilderbuch. Auch deinem Baby kannst du schon vorlesen.
- Stell deinem Kleinkind Fragen: Was siehst du auf den Bildern? Wo ist der rote Regenschirm im Bild?

Wiegen und schaukeln

Die meisten Kleinen lieben das Wiegen und Schaukeln. Sie lieben es, in einer Wiege oder in Mamas Armen sanft hin und her gewiegt zu werden, und sobald sie sitzen können, lieben sie es, zu schaukeln oder auf Mamas Arm *Karussell zu fahren*. Schon im Mutterleib erleben Babys die Erfahrung, sanft im Fruchtwasser hin und her geschaukelt zu werden.

Kinder brauchen diese Stimulierungen für die Entwicklung ihres Gleichgewichtssinns. Manchmal ist es also wirklich simpel, sein Kind in seiner Entwicklung zu fördern. Man sollte erst einmal sanft starten und schauen, wie viel Geschaukel in Ordnung ist und ihnen Spaß macht. Sie werden nach und nach von selbst mehr, höher, schneller einfordern.

Es gibt viele Spielideen rund um das Thema Schaukeln. Meine Kids habe ich manchmal einfach, nachdem der Wäschekorb ausgepackt war, in diesen hineingesetzt und sie auf dem großen Ehebett dann *Boot fahren lassen*, sie im Korb geschaukelt und dazu gesagt: „Ein Schifflein fährt auf dem Meer, es schaukelt hin und schaukelt her, da kommt ein großer Sturm, da fällt das Schifflein um." Sie haben immer laut gelacht, wenn sie mit dem Korb *umgekippt* auf dem Bett lagen.

Es gibt auch Kinder, die wesentlich sensibler an das Thema herangeführt werden müssen, denen es zunächst sehr schwerfällt, die Sinneseindrücke bei Bewegung zu verarbeiten. Hier ist Geduld und Fingerspitzengefühl gefragt. Regelmäßige Impulse sind gerade dann besonders wichtig.

Das Gleichgewicht zu halten in einem vom Sturm bewegten Boot ist nicht leicht – die Erfahrung machten Jesu Jünger, während er dabei gemütlich schlief. Hilferufend weckten sie ihn schließlich und was geschah? Nur ein Wort von Jesus brachte den Sturm zum Schweigen und die Wellen zur Ruhe. Ein einziges Wort von Jesus brachte alles sofort wieder ins Gleichgewicht!

> ***Jesus antwortete ihnen: „Warum habt ihr Angst? Vertraut ihr mir so wenig?" Dann stand er auf und befahl dem Wind und den Wellen, sich zu legen. Sofort hörte der Sturm auf, und es wurde ganz still.***
> Matthäus 8,26 (Hfa)

Was auf körperlicher Ebene unser Gleichgewichtsorgan ist und uns in Balance hält, das ist auf geistlicher Ebene vielleicht mit unserem Glauben gleichzusetzen. Wenn unser Glaube wie der Gleichgewichtssinn unserer Kinder gut entwickelt und gereift ist, dann stehen wir fest und können Widrigkeiten ausbalancieren.

Um aber das Gleichgewicht zu halten, hilft es, einen ganz bestimmten Fokus zu haben, auf den man sich konzentriert. Auch Petrus musste das lernen. Als er Jesus auf dem Wasser entgegenlief und seinen Fokus verlor, sank er sofort, aber solange er Jesus ansah, konnte er laufen. Während er in die liebevollen Augen Jesu sah, lief er auf einem stürmischen See, als er aber auf die Umstände sah, auf die furchteinflößenden *Problemwellen*, ging er augenblicklich unter. (Jesus zog ihn aber sogleich wieder aus dem Wasser.) Wende deinen Blick immer wieder bewusst auf deinen liebenden himmlischen Vater, dem nichts unmöglich ist.

Ein afrikanisches Sprichwort besagt: „Du darfst Gott sagen, wie groß deine Probleme sind, aber danach musst du deinen Problemen erzählen, wie groß dein Gott ist."

Fragen zum Weiterdenken

- Wie sehr schaukelt dein *Lebensboot* gerade?
- Worauf liegt dein Fokus? Was lenkt deinen Blick ab? Versuche deine Augen zu schließen und Jesus anzusehen.

Aktivitäten mit deinem Kind

- Lass dein Kind in einer Decke schaukeln, die von zwei Erwachsenen hochgehoben wird.
- Zieh dein Kind auf einer Decke sitzend oder liegend durch einen großen Raum.
- Dreh dich langsam im Kreis mit deinem Kind auf dem Arm. Du kannst dazu singen oder sprechen: „Auf der grünen Wiese steht ein Karussell, manchmal dreht sich's langsam, mal dreht es sich ganz schnell."

Fürsprecher

Wenn unsere Kinder zu sprechen anfangen, klingt das für Außenstehende oft wie Wortsalat. Wir Mütter verstehen aber meist, was unsere Kinder ausdrücken wollen, und übersetzen dann für die anderen. Wir sprechen in diesem Fall für unser Kind und sagen, was es braucht, erbitten für es einen Keks oder ein Spielzeug.

Manchmal sprechen wir auch für unser Kind, wenn es etwas falsch gemacht hat, und bitten stellvertretend um Entschuldigung, wenn es dazu noch nicht bereit ist, dies selbst zu tun. Und wir treten für unser Kleinkind ein, wenn ihm jemand etwas weggenommen hat oder es verletzt hat, wir sprechen für es und unterstützen es bei wichtigen Anliegen. Dazu kommt natürlich, dass wir als Fürsprecher unser Kind vertreten, wenn wir sehen, dass in der Kita seine Bedürfnisse nicht wahrgenommen werden oder Oma und Opa sanft gesagt bekommen müssen, dass es kein Küsschen von ihnen haben will. Unsere kleinen Kinder brauchen uns in dieser Funktion als Fürsprecher noch recht häufig.

Auch für die soziale und emotionale Entwicklung ist es hilfreich, wenn wir für unser Kind in Worte fassen, was geschieht und welches Gefühl unser Kind vielleicht empfindet. Zum Beispiel so: „Du wolltest diesen Turm noch höher bauen und jetzt bist du traurig, weil der Max ihn schon umgeworfen hat. Du warst noch gar nicht fertig, stimmt's?" Wir sprechen für es und benennen seine Gefühle, damit es selbst erkennt und lernt, was in ihm vorgeht.

Für Christen ist Jesus der Fürsprecher. Er tritt für uns ein (siehe Hebräer 4,16), und da Jesu Wesen uns den Vater zeigt, gilt das auch für Gott. Er ist für uns. Wenn der Ankläger kommt und uns für irgendein Fehlverhalten quasi bei Gott anschwärzen will, dann ist Jesus unser Anwalt und der Feind hat nichts mehr gegen uns in der Hand. Ja selbst am Kreuz bittet Jesus seinen Vater: „Vater, vergib diesen Menschen, denn sie wissen nicht, was sie tun" (Lukas 23, 34; NLB).

Sehr bewegend ist auch, wie Jesus für Petrus eintritt, als dieser verleugnet, ihn jemals gekannt zu haben: „Doch ich habe für dich gebetet, dass dein Glaube nicht aufhöre. Wenn du also später umgekehrt und zu mir zurückgekommen bist, dann stärke deine Brüder" (Lukas 22,32; NLB).

Das ist die eine Seite der Fürsprache, die andere finden wir aber ebenso im Vaterwesen Gottes, denn auch er spiegelt uns unser Innenleben. Es ist spannend, wie Gott schon im Alten Testament Kain auf seine Emotionen aufmerksam macht: „Warum bist du so zornig und blickst so grimmig zu Boden?", fragte ihn der Herr" (1. Mose 4,6; NLB). Er verdeutlicht Kain seine Gefühle und zeigt uns damit, dass wir, wenn wir uns unserer Emotionen bewusstwerden, mit ihnen konstruktiv umgehen können. Denn als Nächstes sagt Gott zu Kain, dass er selbst die freie Entscheidung hat, ob er in seiner Wut eine schlechte Handlung begeht oder nicht.

Fragen zum Weiterdenken

- Wann ist es sinnvoll, für sein Kind zu sprechen, und wann ist es wichtig, dem Kind zuzutrauen, für sich selbst einzutreten?
- Was löst es in dir aus, zu wissen, dass Jesus für dich eintritt und dein Fürsprecher ist? In welcher Situation hättest du dir einen Fürsprecher gewünscht?

Aktivität mit deinem Kind

- Mit Zweijährigen kann man anhand von Bildern oder indem man selbst das jeweilige Gefühl mimisch ausdrückt, üben, verschiedene Gesichtsausdrücke dem jeweiligen Gefühl zuzuordnen: fröhlich, traurig, wütend.

Die Papas

Seid ihr schon in der Phase, in der Sohnemann oder Töchterchen begonnen hat, Papi regelrecht zu verehren? Mein Sohn hat sich in etwa ab dem zweiten Lebensjahr total zum Papakind entwickelt und ich genoss es, zu sehen, wie die beiden miteinander umgingen. Der Kleine versicherte seinem Vater ziemlich oft: „Papa, du bist der Beste!“

Nachdem das Band zwischen Mutter und Kind zu Beginn so eng ist, dass Väter sich teilweise überflüssig fühlen, entwickelt sich in der Ablösung von Mama oft ein starkes Band zu Papa, der vielleicht hier und da mehr Freiheiten gewährt, wilder rauft und tobt.

Aber auch Väter können Schwierigkeiten haben, in ihre Vaterrolle hineinzufinden. Zehn Prozent aller Väter haben während der Schwangerschaft ihrer Partnerin oder im ersten Lebensjahr des Kindes sogar depressive Verstimmungen.[15] Also brauchen auch Väter Ermutigung und Zeit in ihrer plötzlichen Verantwortung für ein kleines Lebewesen anzukommen.

Und wie ist es mit unserem himmlischen Vater? Verehrst du ihn auch so wie ein Kind seinen Papa? Sagst du immer wieder staunend über seine Kraft, Macht und Liebe: „Papa, du bist der Beste?“ Ja, Gott wünscht sich, dass wir ihn Papa nennen, davon bin ich überzeugt. Jesus selbst benutzte das Wort *Abba*, wenn er mit Gott sprach und dieses Wort entspricht der deutschen Koseform *Papa* oder *Papi*. Ich möchte dich dazu ermutigen, dir ganz neu dein Bild von Gott und deine Beziehung zu ihm anzuschauen.

Geprägt von unseren leiblichen Vätern können wir von Gott als Papa ein irregeleitetes Bild haben. Deshalb kann es gut sein, sich zu fragen: Welches Vaterbild habe ich? Wie sollte ein Papa sein? Und dann zu schauen: Wie ist Gott in seinem Wesen eigentlich?

Die Bibel sagt, dass das ewige Leben darin besteht, Gott, so wie er wirklich ist, zu kennen. Wir sollen unser *Erkennen* immer wieder hinterfragen.

Du möchtest Gott neu oder näher kennenlernen? Dann empfehle ich dir, die Evangelien zu lesen, denn Jesus ist das sichtbare Abbild des unsichtbaren Papas im Himmel: „Wer mich gesehen hat, hat den Vater gesehen" (Johannes 14,9, NLB). Ich liebe aber auch die Stelle im Alten Testament aus Hosea, wo Gott sich wie folgt als Papa seines Volkes beschreibt:

> ***Der Herr sagt: „Als Israel jung war, liebte ich es und habe es als meinen Sohn angenommen. Ich habe meinen Sohn aus Ägypten gerufen und zurück in die Freiheit geführt. (Doch er wendete sich von mir ab). Dabei habe ich ihn doch das Laufen gelehrt und ihn immer wieder auf meine Arme genommen, wenn er fiel. Aber die Menschen in Israel haben nicht erkannt, dass ich es war, der ihnen Gutes tat und sie heil machte. Mit Freundlichkeit und Liebe wollte ich sie ihren Weg führen. Ich habe ihnen ihre Last leicht gemacht – (…), ja ich habe mich gebückt, um sie selbst zu füttern."*** nach Hosea 11,1-4

Israel verkannte die Güte und Liebe Gottes leider immer wieder. Schleicht sich Angst vor Gott oder ein kleines bisschen Misstrauen in unser Herz, dass er es vielleicht doch nicht so gut mit uns meint, sich nicht kümmert – dann blockiert das unsere Beziehung zu ihm. Von einem Papa, dem ich nicht zu hundert Prozent vertraue, dass er mich liebt und mir alles zum Besten erwirkt, kann ich mich nicht vollkommen abhängig machen und ihm folglich auch nicht ganz gehorchen.

Der Zweifel an Gottes Güte wurde damals vom Bösen in Adam und Eva gesät und wird auch in unsere Gedanken immer wieder gestreut, aber wir können in seinem Wort die Wahrheit erkennen und diese Wahrheit wird uns frei machen. Gott ist ein liebender Papa.

Fragen zum Weiterdenken

- Wie kannst du als Mutter die Vater-Kind-Beziehung gut unterstützen?
- Welches Vaterbild hast du verinnerlicht? Wie empfindest du es, Gott „Papa" zu nennen?

Aktivität mit deinem Kind

- Falls ihr noch keines habt: Überlegt euch als Paar gemeinsam ein Papa-Kind-Ritual, eine besondere Zeit und Aktivität, die Papa und Kind gemeinsam machen können.

Ebenbild

Wurde dir die Ähnlichkeit, die dein Kind mit dir oder dem Vater des Kindes hat, schon oft von anderen bestätigt? Manchmal hört man so Aussagen, wie: „Er ist dir wie aus dem Gesicht geschnitten!“ oder „Ganz die Mama!“

Es ist ein gutes Gefühl und stärkt die Verbundenheit mit unseren Kindern, wenn wir Ähnlichkeiten entdecken. Es ist einfach genial und wundervoll, wie Gott das alles eingerichtet hat: Unsere Kinder spiegeln uns in so manchen Nuancen wider. So erkennen wir uns selbst, indem wir unser Kind kennenlernen – in all den Gemeinsamkeiten und Unterschieden. Manchmal zeigen sie uns genau die Punkte, mit denen wir selbst hadern, und geben uns so die Möglichkeit, uns mit uns selbst zu versöhnen oder als Persönlichkeit zu wachsen.

Wenn ich meine Segelohren nie mochte, so sehe ich mein Kind mit denselben Ohren doch mit völlig anderen Augen. Es ist wunderschön – und vielleicht kann auch ich mich nun mit diesen Augen der Liebe, mit den Augen dessen, der mich erschuf, sehen und ein volles Ja zu meinen Segelohren finden.

Aber es gibt auch Bereiche, die mich herausfordern – was ist mit der Wut, die mein Kind mir vielleicht immer wieder spiegelt? Was hat sein Verhalten möglicherweise mit mir zu tun? Gibt es da Heilungsbedarf bei mir selbst?

Ich muss dir gestehen: Ich war erschrocken darüber, was im Zusammenleben mit meinen Kids manchmal aus mir herauskam – ich hielt mich vorher für einen einigermaßen guten, selbstbeherrschten Menschen, nicht ahnend wie viel Schmerz und daher auch Wut noch in mir schlummerte, wie viel Egoismus oder wie viele schlechte Gewohnheiten.

Heute verstehe ich also völlig neu, warum Kinder ein Geschenk Gottes sind: Sie eröffnen uns einen neuen Zugang zu uns selbst und wenn wir uns darauf einlassen können, dann wachsen wir gemeinsam mit unseren Kindern und werden heil.

> *Im Wasser spiegelt sich dein Gesicht, und durch die Menschen um dich herum erkennst du dich selbst!*
> Sprüche 27,19 (Hfa)

Gott erschuf uns Menschen als sein Ebenbild. Dies drückt seinen tiefen Wunsch nach Verbundenheit aus und ich persönlich glaube, dass wir ihn in unserem eigenen Bedürfnis nach Bindung, nach tiefen Beziehungen am meisten widerspiegeln.

Außerdem spiegelt jeder von uns Gott in verschiedenen Nuancen wider: der Künstler in seiner Kreativität, der Sanguiniker in seiner Freude, der Ingenieur in seiner Vorstellungskraft, die Mutter in ihrer Liebe zu ihrem Kind. Aber uns ist auch bewusst, dass es Eigenschaften und Verhaltensweisen unsererseits gibt, die ihn nicht widerspiegeln, sogar seinem Wesen völlig widersprechen.

Ich persönlich glaube, dass es möglich ist, Gott immer ähnlicher zu werden. Ebenso wie unsere Kinder uns täglich als Vorbilder sehen und uns so im Verhalten ähnlicher werden, werden wir auch Gott ähnlicher, je deutlicher wir ihn sehen und erkennen.

Dazu schreibt die Bibel: „Von uns allen wurde der Schleier weggenommen, sodass wir die Herrlichkeit des Herrn wie in einem Spiegel sehen können. Und der Geist des Herrn wirkt in uns, sodass wir ihm immer ähnlicher werden und immer stärker seine Herrlichkeit widerspiegeln“ (2. Korinther 3,18; NLB).

Fragen zum Weiterdenken

- Was löst der Gedanke, Gottes Ebenbild zu sein in dir aus? Worin spiegelst du ihn vielleicht wider, worin nicht?
- Welches Verhalten oder welcher Charakterzug deines Kindes fordert dich stark heraus oder löst heftige Emotionen in dir aus?

Aktivitäten mit deinem Kind

- Zeig deinem Kleinkind Kinderfotos von dir oder seinem Papa und dazu Fotos vom Kind selbst. Entdeckt ihr Ähnlichkeiten?
- Benenne Körperteile und zeige sie bei dir und dann bei deinem Baby: „Das ist meine Nase, das ist deine Nase."

Vererbung

Ein bisschen Mama, ein bisschen Papa und ganz viel Wunder. Faszinierend wie aus ein paar Zellen ein neues Wesen wird, wie viel Informationen in so ein paar Zellen gespeichert sind. Neugierig habe ich mir alte Fotos meiner Großeltern angesehen und Ähnlichkeiten mit ihnen entdeckt. Wir haben offensichtlich die gleichen Gene und als Familie gehören wir einfach untrüglich zusammen.

Besonders spannend wird es da, wo sich die eigentlich starken Merkmale nicht durchgesetzt haben und statt einem zu erwartenden dunkelhaarigen Jungen mit braunen Augen ein blonder Schatz mit blauen Augen das Licht der Welt erblickt. Auch wenn wir dieselben genetischen Anlagen haben, werden wir zu verschiedenen Menschen, denn welche Anteile einer DNA sich tatsächlich ausprägen, darauf hat teilweise auch das Lebensumfeld einen Einfluss – das nennt sich dann Epigenetik.

Die Entwicklung eines Menschen ist also ein komplexes Zusammenspiel, denn Gene können sogar je nach Umweltbedingung an- und abgeschaltet werden. Dies zeigt, wie bedeutsam es ist, welches Lebensumfeld wir unseren Kindern bieten. So habe ich in der Literatur gefunden, dass das, was Säuglinge und Kinder erleben, Auswirkungen auf die Aktivität ihrer Gene hat, und Geborgenheitserfahrungen gute Gene aktivieren.[16]

Vererbung ist auch für unsere Gotteskindschaft bedeutsam, denn wir werden tatsächlich zu einer neuen Schöpfung, wenn wir Jesus in unser Herz einladen. Unsere Genetik wird verändert. Ob das biologisch nachweisbar ist, kann ich nicht sagen, aber wir erhalten ein ganz besonderes Erbteil: den Heiligen Geist.

> *Durch Christus habt auch ihr nun die Wahrheit gehört, die gute Botschaft, dass Gott euch rettet. Ihr habt an Christus geglaubt, und er hat euch mit dem Siegel seines Heiligen Geistes, den er vor langer Zeit zugesagt hat, als sein Eigentum bestätigt.* Epheser 1,13 (NLB)

Jesus vererbt uns dieses besondere Erbteil, wir empfangen die göttlichen Gene unseres himmlischen Papas und wir haben „Anteil an seiner göttlichen Natur“ (2. Petrus 1,4; NLB). Es klingt wie ein Märchen und zeigt doch so sehr Gottes radikale Liebe zu uns. Weil wir eine Geborgenheitserfahrung mit Gott machen, die gute Gene aktiviert, erleben wir Heilung, Befreiung und charakterliche Veränderungen.

Es gibt so viele Berichte von Christen über diese spürbaren und sichtbaren Veränderungen. Manche Veränderungen brauchen Zeit und andere passieren von jetzt auf gleich.

Fragen zum Weiterdenken

- Schau mal in deinen Stammbaum: Gibt es in eurer Familie Gewohnheiten, die sich scheinbar über Generationen weitervererben? Was sind auffallende Muster?
- Wenn du den Heiligen Geist bereits empfangen hast: Was löst es in dir aus, dass Gott tatsächlich einen Teil von sich in dich hineingelegt hat?

Aktivitäten mit deinem Kind

- Vielleicht ist Oma zu Besuch und ihr könnt eine *Weitergebenkette* bilden, beispielsweise um aufzuräumen oder um Bausteine zu transportieren.
- Ein schönes Ritual: Haltet euch als Familie im Kreis an den Händen und sagt: „Wir sind eine Familie, kommt Wind, kommt Sturm (die Arme gehen rauf und runter), wir fall'n nicht um, wir halten zusamm', wie ein starkes Band."

Spiegelbild

Unter der Überschrift *Ebenbild* habe ich beschrieben, wie wir uns durch unser Gegenüber mehr und mehr selbst erkennen. Die Perspektive war: Mein Kind spiegelt mich. Diesmal möchte ich dir das Ganze noch mal aus der anderen Perspektive näherbringen: Ich spiegele mein Kind – du spiegelst dein Kind. Wir tun dies ganz automatisch und unbewusst und unterstützen dadurch sogar die Entwicklung unserer Kinder. Durch unsere Reaktionen auf sie merken sie, dass sie selbstwirksam sind.

Wenn sie schreien, kommen wir und kümmern uns um ihr Bedürfnis. Wir sprechen bereits mit unserem Säugling und zeigen ihm so, was bei ihm los ist. In der sogenannten Affektspiegelung spiegeln wir die Emotionen unseres Kindes. Wenn es traurig ist, zeigt sich dies in unserer Mimik, und auch wenn es sich freut. Wir lächeln zurück oder machen ein betrübtes Gesicht.

Durch diese Erfahrungen beginnt das Baby, nach und nach überhaupt erst zu verstehen, dass es ein eigenständiges Wesen ist. Denn tatsächlich empfindet es sich in den ersten Wochen nach der Geburt noch immer als Teil von Mama, als *eins* mit Mama. Wenn uns dieser Weg zum eigenen Selbst bewusst ist, wird uns völlig klar, warum unser Kind viel Körperkontakt und zuverlässige, feinfühlige Antworten und Reaktionen auf seine Äußerungen braucht.

Der Mensch braucht stets ein Gegenüber – er kann nie völlig unabhängig existieren. Vielleicht kennst du den Satz: Weil du bist, bin ich.

Ist das auch zwischen Mensch und Gott so? Spiegelt Gott uns und erkennen wir, wer wir wirklich sind, durch seine Reaktionen und Antworten auf uns? Aus eigener Erfahrung kann ich das nur bejahen. Ich war ein ziemlich identitätsloser Mensch mit einem geringen Selbstwertgefühl, bis ich verstand, dass Gott mit mir in Interaktion tritt, dass er auf mein Schreien reagiert – wie ein Papa auf sein Kind.

Menschen können helfen, hier auf Erden eine Identität aufzubauen und sich selbst als eigenständige Person zu begreifen, doch spätestens wenn eine Person mit Leid oder gar dem Tod konfrontiert wird, reicht diese erdgebundene Identität einfach nicht mehr und es stellt sich die Frage, wer oder was bin ich? Wozu bin ich hier? Spätestens dann ahnt jeder, dass er nicht nur für diese Erde geschaffen worden sein kann, dass es mehr geben muss und dass ihm in seiner Identität etwas fehlt.

Gott kennenzulernen, bedeutet auch: Mich selbst kennenzulernen – meine wahre Identität, die über dieses Leben auf der Erde hinausgeht. Bevor ich Gott besser kennenlernte, lebte ich wie ein Waisenkind: Ich fühlte mich allein, auf mich selbst gestellt. Ich meinte, für Liebe Leistung erbringen zu müssen, mir alles hart erarbeiten und verdienen zu müssen ... und war ständig überfordert.[17]

Jesus hat uns am Kreuz all unsere Zerrissenheit, Verlorenheit und Einsamkeit, all unseren Schmerz gespiegelt, indem er alles auf sich lud, um uns unsere wahre Identität als geliebte Kinder Gottes zurückzuerobern und uns neu die Augen für die tiefe Liebe Gottes zu uns zu öffnen.

Jetzt sehen wir nur ein undeutliches Bild wie in einem trüben Spiegel. Einmal aber werden wir Gott von Angesicht zu Angesicht sehen. Jetzt erkenne ich nur Bruchstücke, doch einmal werde ich alles klar erkennen, so deutlich, wie Gott mich jetzt schon kennt.
1. Korinther 13,12 (Hfa)

Fragen zum Weiterdenken

- Hast du wahrgenommen, dass Gott auf dich reagiert? Hat er dir durch Erfahrungen mit ihm vielleicht auch schon bestätigt, dass du bist, weil er ist?

Aktivitäten mit deinem Kind

- Der Rouge-Test: Gegen Ende des zweiten Lebensjahres können Kinder sich erstmals selbst im Spiegel erkennen. Das kannst du testen, indem du ihm – ohne dass es dies bemerkt – einen Farbpunkt auf die Stirn malst. Wenn das Kind in den Spiegel sieht und sich überrascht an die Stirn fasst, weißt du, dass es sich erkennt und eine Vorstellung davon hat, dass es eine eigenständige Person ist.
- Lass dein Baby oder Kleinkind doch mal auf Spiegelfolie herumrobben.

Klammeräffchen

Vielleicht befindet sich dein Baby gerade in der *Fremdelphase* oder du erlebst, wie dein eigentlich schon größeres Kleinkind plötzlich wieder sehr anhänglich wird – ein Klammeräffchen, das sich an deinem Rock- oder Hosenzipfel festhält, besonders in fremder Umgebung. Manche Kinder sind vom Temperament her eher schüchtern und brauchen mehr Zeit, um warm zu werden.

Es kann ganz schön anstrengend sein, wenn dein Kind bei dir ständig Schutz sucht und dir nicht von der Seite weicht, auch wenn dieses Verhalten vielleicht nur für ein paar Wochen auftritt. Aber dieses sich an jemanden Klammern, wenn wir Angst oder Unsicherheit verspüren, ist eine natürliche Reaktion. Einige Kinder haben für solche Situationen ein sogenanntes *Übergangs– oder Bindungsobjekt*. Das kann ein Kuscheltier oder ein Schnuffeltuch sein, das sie festhalten und an sich schmiegen können, wenn Mama und Papa nicht da sind. So ein Objekt kann helfen, Trennungszeiten zwischen Eltern und Kind zu überbrücken, zum Beispiel wenn das Kind schon früh in eine Fremdbetreuung gegeben wird.

Meist finden wir das Bild eines Kindes mit seinem heißgeliebten Teddy im Arm total süß. Aber nicht alle Kinder entwickeln eine Beziehung zu einem Übergangsobjekt, denn wenn es selten zu Trennungen von den Eltern kommt, und das Bindungsbedürfnis befriedigt ist, ist ein solches Übergangsobjekt für das Kind möglicherweise nicht notwendig.

Mach dir also keine Gedanken, wenn dein Kind kein Lieblingskuscheltier hat, und wenn es eines hat, dann freue dich mit ihm darüber und nimm dieses Tierchen wirklich als besten Freund, als Bindungspartner deines Kindes ernst. Achtung: Es könnte Schwierigkeiten geben, wenn du versuchst, es zu ersetzen oder es zu waschen. Auch wenn du dir ein Bein rausreißt, um haargenau dasselbe Kuscheltier nachzukaufen, wird das neue oft nicht vom Kind akzeptiert. Ebenso wie Mama oder Papa nicht austauschbar sind und einen ganz eigenen Geruch haben, gilt das auch für dieses Bindungsobjekt.

Gott wünscht sich, dass wir uns stets an ihn klammern. Ja, wir können uns in allen schwierigen Lebenslagen an ihm festhalten. Er ist ein Vater, der damit nie überfordert ist und der unendliche Geduld hat. Auch Paulus ermutigt uns in den Briefen des neuen Testamentes, in schweren Lebensumständen an Gott und an dem Glauben, dass er wirklich vollkommen gut ist, festzuhalten. Wir sollen sein Wort und seine Verheißungen für unser Leben nicht loslassen.

So wie Jakob, der um Segen rang: Er hielt hartnäckig daran fest und bestand darauf, dass Gott ihm diesen geben würde. Gott liebt es, wenn jemand diesen Glauben hat. Wenn jemand wie Abraham oder David wagt, an Gottes Güte zu appellieren. Klammere dich an die lebendige Hoffnung, die Gott uns schenkt, klammere dich beharrlich an seine Zusagen:

> *Haltet an dieser Hoffnung fest, zu der wir uns bekennen, und lasst euch durch nichts davon abbringen. Ihr könnt euch felsenfest auf sie verlassen, weil Gott sein Wort hält.* Hebräer 10,23 (Hfa)

*Warum bin ich so mutlos? Warum so traurig?
Auf Gott will ich hoffen, denn eines Tages werde
ich ihn wieder loben, meinen Retter und meinen Gott!*
Psalm 42,12 (NLB)

Wenn Gott unser lieber Vater ist, dann brauchen wir uns nicht an einem Übergangsobjekt dieser Welt festzuhalten, dazu gehören Reichtum, Genuss- oder Suchtmittel oder andere Dinge, die Sicherheit zu geben scheinen, aber doch nicht wirklich zufriedenstellen. Sie helfen nur für kurze Zeit, sind zerstörerisch und nur ein Ersatz für die tiefe Bindung zu Gott, in der du täglich echte Erfüllung und Geborgenheit findest.

Fragen zum Weiterdenken

- Hat dein Kind so ein *Übergangsobjekt*? Hattest du als Kind eines?
- Welche *Ersatzobjekte* hast du vielleicht in deinem Leben, die du loslassen möchtest?

Aktivität mit deinem Kind

- Bindungsspiel (Trennungsspiel): Laufe vor deinem Kleinkind spielerisch weg und lass dich dann von ihm fangen. Dein Kind soll sich als selbstwirksam erleben, nicht als unterlegen!

Mutterliebe

Es gibt herzzerreißende Geschichten über die besondere Liebe einer Mutter zu ihren Kindern, darüber, was sie überwindet, was sie erkämpft, und was sie erträgt, wenn es darauf ankommt. Die Liebe einer Mutter reicht tief. Wir wünschen uns, dass unsere Kinder diese Liebe jederzeit spüren, doch manchmal gibt es Situationen, in denen sie sich nicht von uns geliebt fühlen. Und es gibt Zeiten, in denen wir nicht so liebevoll mit unseren Kindern umgehen, wie wir es eigentlich gerne würden.

Meistens ist das dann der Fall, wenn unsere eigenen Bedürfnisse nicht erfüllt sind, wir in völligem Stress und unter Zeitdruck sind. Manche von uns haben vielleicht sogar schmerzlich erfahren müssen, dass die Liebe einer Mutter ihre Grenzen haben kann. Und dann gibt es da noch das Problem der Kommunikation.

Laut Gary Chapman gibt es fünf verschiedene Sprachen der Liebe, und nicht immer sprechen wir die gleiche. Der eine fühlt sich geliebt durch viel Körperkontakt, der andere fühlt sich besonders geliebt, wenn ihm praktisch geholfen wird. Der nächste drückt seine Liebe gerne in Worten aus und wieder ein anderer durch Geschenke und Gesten.

Gottes Liebe ist mit menschlicher Liebe nicht gleichzusetzen. So verspricht Gott in Jesaja 49,15 (Hfa): „Kann eine Mutter ihren

Säugling vergessen? Bringt sie es übers Herz, das Neugeborene seinem Schicksal zu überlassen? Und selbst wenn sie es würde – ich vergesse dich niemals!"

Gott liebt uns mehr als es eine Mutter es vermag, und er liebt auch unsere Kinder mehr, als wir es je könnten, denn Gott ist die Liebe (1. Johannes 4,16). Er liebt uns bedingungslos und seine Liebe ist vollkommen.

In 1. Korinther 13,4-7 (ELB) lesen wir diese wunderbaren Worte: „Die Liebe ist langmütig, die Liebe ist gütig, sie neidet nicht, die Liebe tut nicht groß, sie bläht sich nicht auf, sie benimmt sich nicht unanständig, sie sucht nicht das Ihre, sie lässt sich nicht erbittern, sie rechnet Böses nicht zu, sie freut sich nicht über die Ungerechtigkeit; sondern sie freut sich mit der Wahrheit, sie erträgt alles, sie glaubt alles, sie hofft alles, sie erduldet alles."

Und auch Gott drückt seine Liebe zu uns auf verschiedene Art und Weise aus. Er beschenkt uns mit materiellen Dingen (mir schenkte er beispielsweise durch eine völlig fremde Person einmal eine Rose[18]), er spricht durch einen Vers direkt in unser Herz, er schickt uns praktische Hilfe oder er umarmt uns mit einer plötzlichen Wärme in unserem ganzen Körper, während wir zu ihm beten. Er spricht die Sprache der Liebe flüssig, kreativ und er weiß, welche Sprache du am besten verstehst.

Fragen zum Weiterdenken

- Welche Sprache der Liebe sprichst du am meisten? Welche dein Partner?
- Hast du eine Idee, wann dein Kleinkind sich wirklich geliebt von dir fühlt, welche Sprache der Liebe es am besten versteht?

Aktivität mit deinem Kind

- Male deinem Kleinkind heute ein Herz auf den Handrücken und sage dazu: „Das soll dich jetzt den ganzen Tag daran erinnern, wie sehr ich dich liebe, mein Schatz!“

Bitte

Wenn unser Kind uns mit großen Augen anbettelt, ist es schwer, ihm einen Wunsch abzuschlagen. Und es ist auch ein wunderschönes Gefühl, seinem Kind einen wirklich tief gehegten Wunsch erfüllen zu können.

Natürlich erfüllen wir so gut wir können all seine grundlegenden Bedürfnisse, dazu gehören die physiologischen Bedürfnisse wie Nahrung und Kleidung, aber auch die emotional-seelischen wie Nähe und Freiraum zur Entfaltung. Doch so gerne wir es würden, wir können leider nicht alle seine Bitten und nicht jedes Bedürfnis stets erfüllen, und so manches Mal täte es ihm auch vermutlich nicht gut.

So bat mich einmal meine Zweijährige darum, einen Trecker zu kaufen, weil sie ihn so faszinierend fand, als wir bei der Feldarbeit zusahen. Glücklicherweise war dieser Wunsch schnell wieder vergessen.

Bedürfnisorientiert mit unseren Kindern umzugehen, heißt, dass wir ihre Bedürfnisse wahrnehmen, sie ernst nehmen und mit Verständnis und Wertschätzung reagieren, auch wenn wir sie nicht erfüllen können. Wichtig ist dabei, dass unsere Kinder sich trauen, uns um alles zu bitten.

Vielleicht kennst du es von dir selbst, dass es dir manchmal schwerfällt, jemanden um etwas zu bitten? Das Vertrauen zu einer Person muss stark genug sein, damit wir bitten können, und es muss Hoffnung geben, dass unsere Bitte ernst genommen und möglichst erfüllt werden kann.

Auch Gott wünscht sich, dass wir ihn bitten, und fordert uns als seine Kinder quasi dazu auf, dass wir unsere Wünsche vor ihn bringen. Er wünscht sich, dass wir voller Hoffnung und Vertrauen bitten. Jesus fordert uns auf: „Bittet in meinem Namen, und ihr werdet empfangen, dann wird eure Freude vollkommen sein" (Johannes 16,24; NLB). Und an anderer Stelle sagt er: „Ihr dürft in meinem Namen um alles bitten, und ich werde eure Bitten erfüllen, weil durch den Sohn der Vater verherrlicht wird" (Johannes 14,13; NLB).

Was sind das für wundervolle Zusagen! Er sagt uns hier, dass wir in seinem Namen bitten sollen, denn in seinem Namen ist Kraft. Während wir die Evangelien lesen, erfahren wir, welche Autorität und Macht er hat. Und wenn wir zu Jesus gehören und wissen, dass eine Bitte seinem Willen entspricht, so können wir bitten und wissen, dass wir empfangen werden. Das ist sein Versprechen.

Gott ist nicht begrenzt wie wir als Eltern. Er kann und möchte unsere Bedürfnisse stillen. Vielleicht tut er es nicht immer auf die Art und Weise, wie wir es uns vorstellen, aber wir werden uns gehört und gesehen fühlen. Er nimmt unsere Bedürfnisse ernst, begegnet uns mit Verständnis, und er umarmt uns mit seiner Fülle und seinem Frieden.

Fragen zum Weiterdenken

- Fällt es dir leicht, zu bitten?
- Betest du bereits mit deinem Kind zusammen? Welche Kindergebete kennst du?

Aktivität mit deinem Kind

- Wünschebild gestalten: Such mit deinem größeren Kleinkind aus alten Katalogen Dinge aus, die es sich wünscht und klebt sie auf ein Blatt. Ihr könnt auch ein Wunschzimmer auf diese Weise erstellen oder einen Traumgarten.

Freudenbringer

Nennst du dein Kind auch manchmal „mein Schatz"? Ich tue es gerne, denn das sind meine Kinder für mich – wahre Schätze, kostbare Geschenke, echte Freudenbringer. Wie oft haben sie mir ein Lächeln auf die Lippen gezaubert mit ihrem Glucksen, ihrer kindlichen Unbeschwertheit, ihrem Staunen oder ihrem süßen, tief entspannten Gesicht, wenn sie schlafen. Sie sind unsere ganze Freude!

Kinder lachen viel häufiger und ausgiebiger als wir Erwachsenen, und ich muss zugeben, dass ich mich viel zu selten von diesem Lachen anstecken lasse. Sicher gibt es auch Momente, in denen wir uns weniger über ihr Verhalten freuen, aber sie selbst sind und bleiben ein Wunder des Lebens. Und ihre leuchtenden, vor Freude sprühenden Augen zu sehen, ist mit das Schönste auf der Welt! Manchmal legen wir uns Eltern wirklich ins Zeug, um sie strahlen zu sehen.

Kinder sind ein Geschenk des HERRN, sie sind ein Lohn aus seiner Hand. Psalm 127,3 (NLB)

Für Gott sind wir ebenfalls kostbar. Er liebt uns und jubelt über uns.

Der Herr, dein starker Gott, der Retter, ist bei dir. Begeistert freut er sich an dir. Vor Liebe ist er sprachlos ergriffen und jauchzt doch mit lauten Jubelrufen über dich. Zefanja 3,17 (NLB)

Oft haben wir eine falsche Vorstellung davon, wie Gott uns sieht. Wir glauben, dass dies selten mit einem Lächeln, eher tadelnd oder zumindest seufzend geschieht. Dass Gott sich über mich freut, war lange nicht greifbar für mich. Dabei hüpft Gottes Herz tatsächlich vor Freude, wenn wir uns ihm zuwenden und Zeit mit ihm verbringen.

Er liebt es und genießt es, wenn wir uns ihm nähern – mit und trotz all unserer Schwachheiten. Ja, er freut sich über uns! Auch Jesus war ein zutiefst fröhlicher Mensch und möchte uns diese tiefe Freude schenken:

„Ich sage euch das, damit meine Freude euch erfüllt. Ja, eure Freude soll vollkommen sein!" (Johannes 15,11; NLB).

Mit Gott kann man lachen und fröhlich sein! Wir können uns an ihm genauso erfreuen, wie er sich an uns erfreut: „Freut euch im Herrn. Ich betone es noch einmal: Freut euch!" (Philipper 4,4; NLB).

Fragen zum Weiterdenken

- In welchen besonderen Momenten hast du tiefe Dankbarkeit und Freude über deinen kleinen Schatz verspürt?
- Was löst es in dir aus, wenn du liest, wie sehr Gott sich über dich freut?

Aktivitäten mit deinem Kind

- Nimm eine kleine Schachtel, in die du ein paar Kekse legst. Verpacke sie in mehreren immer größeren Kartons und lass dein Kind das riesengroße Geschenk auspacken. Es wird viel (Vor-)Freude beim Auspacken und Aufreißen haben.
- Gemeinsam lachen: Sing absichtlich eines eurer Lieblingslieder etwas falsch oder mache eine Sache absichtlich falsch und tu dann so, als wüsstest du nicht mehr, wie es richtig geht, dein Kind wird es sicher lustig finden und dir gerne helfen.

Verzeih mir

Wie schnell ist es passiert: Wir geraten in Stress und schreien unser Kind an oder sprechen in unserem Ärger in einem giftigen Ton mit ihm. Damit beschämen wir unser Kind, weil uns sein Verhalten frustriert und wir gerade selbst unausgeglichen sind, doch dabei wollen wir das eigentlich nicht.

Als ich meinen Sohn einmal anschrie und dann wahrnahm, wie er seinen Blick senkte und mir vor Scham nicht mehr in die Augen sehen konnte, machte es Klick bei mir: Durch meine heftige Reaktion auf sein Verhalten, hatte es einen Bruch, eine Trennung in unserer Beziehung gegeben. Wir hatten die Verbindung verloren. Es erschreckte mich sehr, dass er mir nicht mehr in die Augen sehen konnte.

Ich wusste, dass ich diese Bindungsverletzung wieder reparieren musste, dass es meine Verantwortung war, die Verbindung zu ihm wieder herzustellen. Dazu musste ich mich bei ihm entschuldigen.

Es ist so heilsam für Kinder, wenn Erwachsene sich bei ihnen entschuldigen. Ich kann mich an solch eine Situation aus meiner eigenen Kindheit noch sehr gut erinnern: Es hat mir so viel bedeutet, als mein Vater mich als Kind um Vergebung dafür bat, dass er mich zu hart bestraft hatte, und das hat mich sehr geprägt. Es hat mich erkennen lassen – meine Eltern machen auch Fehler, jeder braucht Vergebung.

Vergebung ist unglaublich heilsam und befreiend. Denn wenn wir jemandem nicht vergeben, dann zerfrisst diese Bitterkeit unser Herz. Gott weiß das. Deshalb hat er uns als Vater vorgelebt, zu vergeben, er hat uns vorgelebt, Schuld und Scham aus dem Weg zu räumen, damit Beziehungen heilen können. Und darum fordert er uns auf, seinem Vorbild zu folgen und anderen zu vergeben.

Wenn wir seine unermessliche Liebe, die jede schlimme Tat vergibt, und unsere eigenen Verfehlungen erkennen, dann erweicht seine Liebe unser Herz und wir selbst werden vergebungsbereiter.

> *Seid (...) freundlich und mitfühlend zueinander und vergebt euch gegenseitig, wie auch Gott euch durch Christus vergeben hat.* Epheser 4,32 (NLB)

Wenn Gott deine Lebensquelle ist, aus der du täglich Liebe schöpfst, dann hast du die Kraft, das, was Menschen dir antun, nicht auf dich selbst zu beziehen. Wenn du Erwartungen an Menschen stellst, wirst du enttäuscht werden, wenn du aber alles von Gott erwartest, wirst du nicht enttäuscht werden! Er füllt dein Herz bis zum Überfließen.

Fragen zum Weiterdenken

- Was bedeutet Gnade für dich?
- Welche Fehlerkultur willst du in deiner Familie leben? Dürfen Fehler gemacht werden? Müssen sie vehement vermieden werden oder werden sie als Lernchancen willkommen geheißen? Wie war das in deiner Herkunftsfamilie?

Aktivität mit deinem Kind

- Weil Vergebung mit *geben* zu tun hat: Wem könnt ihr gemeinsam eine Freude machen? Vielleicht gemeinsam Blumen pflücken und sie jemandem schenken oder gemeinsam Pfand wegbringen und den Pfandbon an eine Person im Laden verschenken.

Löwen-Mamas

Hütet euch davor, auf ein einziges dieser Kinder herabzusehen. Denn ich sage euch, dass ihre Engel im Himmel meinem himmlischen Vater stets besonders nahe sind. Matthäus 18,10-11 (NLB)

Wir Mamas sind für unsere Kinder stark, wir beschützen sie, wir setzen uns für sie ein und verteidigen sie. In diesem Zusammenhang fällt mir immer ein, was man uns beibrachte, bevor wir in den Wald gingen: Man nehme sich in Acht vor einer Wildsau, die mit ihren Frischlingen unterwegs ist. Ich kann mich heute sehr gut in diese Wildschweinmutter hineinversetzen und sie voll und ganz verstehen.

Mütter möchten ihre Kinder vor Unglück beschützen, aber das ist nicht immer möglich. Der obige Vers kann uns in dieser Hinsicht trösten und versichern, dass Gott über unsere Kinder besonders wacht.

Eine andere wichtige Frage in diesem Zusammenhang lautet: Geben wir zu viel Schutz oder zu wenig? Wie findet man das richtige Maß? Die Empfindungen gehen da oft weit auseinander. Hierzu gehört auch das Thema „Loslassen". Sich nicht von Angst bestimmen zu lassen und gleichzeitig ein gesundes Zutrauen in unsere Kinder zu entwickeln, ohne unsere Verantwortung aus dem Auge zu verlieren, das ist nicht leicht. Zu viel Kontrolle behindert die Entfaltung unserer Kinder, zu wenig Sicherheit ebenso.

Und wie geht Gott mit uns, seinen Kindern um? In Psalm 91,1-5 (NLB) lesen wir: „Wer im Schutz des Höchsten lebt, der findet Ruhe im Schatten des Allmächtigen. Der spricht zu dem Herrn: Du bist meine Zuflucht und meine Burg, mein Gott, dem ich vertraue. Denn er wird dich vor allen Gefahren bewahren und dich in Todesnot beschützen. Er wird dich mit seinen Flügeln bedecken, und du findest bei ihm Zuflucht. Seine Treue schützt dich wie ein großer Schild."

Es gibt noch viele weitere Stellen in der Bibel, in denen Gott uns sagt, dass er unser Schutz sein will. Sobald wir uns schutzsuchend an ihn wenden, ist er da. Aber er lässt uns auch eigenverantwortlich handeln mit all den Konsequenzen, die das haben kann. Dennoch wissen wir, dass er sogar die Konsequenzen mit uns trägt, dass er uns nicht alles *allein ausbaden lässt*.

Apropos Löwe: Jesus selbst wird auch als Löwe von Juda bezeichnet, was seine Macht und Furchtlosigkeit ausdrückt. Unser Gott stellt sich also, wenn es sein muss, brüllend wie ein Löwe vor uns, seine Kinder. Und so können wir unsere Kinder nicht besser beschützen, als dass wir sie ihm anbefehlen, denn er vermag dies besser zu tun, als wir es je könnten.

Frage zum Weiterdenken

- Hast du Gottes Schutz in einer bestimmten Situation ganz direkt erlebt?

Aktivität mit deinem Kind

- Baut gemeinsam eine Höhle, eine sichere Burg oder eine hohe Schutzmauer aus Kartons.

Starke Kinder

Sein Kind fürs Leben stark und widerstandsfähig zu machen, ist auch eine Art Schutz oder fachbegrifflich ausgedrückt: das Kind darin unterstützen, eine möglichst große Resilienz zu entwickeln. Es gibt viele Faktoren, die Kindern helfen, mit schwierigen Situationen besser umgehen zu können und sich trotz Risikostatus (hierzu zählen Armut, Trennung der Eltern oder Tod eines nahen Verwandten) gesund zu entwickeln. Zu diesen Faktoren gehören eine sichere Bindung, Selbstwirksamkeitsüberzeugung, Problemlösefähigkeiten, und auch der aktiv gelebte Glaube ist einer dieser Faktoren.[19]

Wenn mein Kind weiß: Es gibt einen Gott, der mich sieht und liebt, mit dem ich über all meine Sorgen und Ängste sprechen kann, dann kann es belastende Ereignisse besser verarbeiten. Als meine Tochter in die Kita kam, half ihr das Wissen sehr, dass sie dort zwar ohne Mama und Papa bleibt, aber Jesus bei ihr ist. Immer wieder erzählte sie uns dies und sprach es sich auch selbst ermutigend zu.

Ich denke, es ist naheliegend, dass wir unsere eigenen, *erfolgreichen* Bewältigungsmuster bewusst oder unbewusst weitergeben. Deshalb ist es gut, sich zu fragen, was die eigenen Strategien sind und sie zu reflektieren: Ist es eine gute Strategie, die ich an mein Kind weitergeben will? Es geht dabei nicht um Unverwundbarkeit oder darum, seinen Kindern alle Schwierigkeiten zu ersparen, denn sie entwickeln ihre Resilienz auch in ihren Herausforderungen.

Unserem himmlischen Vater ist es ebenfalls wichtig, uns dazu zu befähigen, widerstandsfähig zu sein. Auch er befähigt seine Kinder dazu, dass sie im Leben bestehen, seine Zeugen sein und dem Bösen widerstehen können. Zu dem dazu gehörenden Werkzeug zählt die im sechsten Kapitel des Epheserbriefes beschriebene geistliche Schutzrüstung, die wir anwenden lernen sollen, um uns gegen Angriffe des Feindes, des Bösen, zu verteidigen.

> *Werdet stark durch den Herrn und durch die mächtige Kraft seiner Stärke!*
> *Legt die komplette Waffenrüstung Gottes an, damit ihr allen hinterhältigen Angriffen des Teufels widerstehen könnt.* Epheser 6,10-11 (NLB)

Lies dazu gerne einmal das ganze sechste Kapitel des Epheserbriefes. Viele Angriffe beginnen in unseren Gedanken, und wir müssen lernen, Lügen die Wahrheiten Gottes entgegenzustellen. Wenn beispielsweise Gedanken kommen, die dir sagen, dass du nichts wert bist – dann halte dir Gottes Wahrheit vor Augen: Du bist ihm so viel wert, dass er seinen Sohn für dich gab!

Unsere geistliche Rüstung wird härter und widerstandsfähiger, je tiefer wir im Glauben wachsen.

Fragen zum Weiterdenken

- Welche Strategien und Erfahrungen haben dir in deiner Kindheit geholfen, mit belastenden Ereignissen umzugehen? Was möchtest du deinem Kind mitgeben?

- Trägst du die *geistliche Waffenrüstung Gottes*? Wie kannst du lernen, sie in deinem Alltag anzuwenden?

Aktivitäten mit deinem Kind

- Starkes Baby: Leg dein Baby auf den Rücken, lass es deine Daumen greifen und schau, ob es beginnt, sich hochzuziehen, wenn du ganz sanfte Impulse dazu gibst. Bitte erst, wenn es die Bauchlage schon gut durchhält und sein Köpfchen sehr gut halten kann. Ziehe es nicht mit deiner Kraft hoch und achte darauf, dass es nicht nach hinten fällt.
- Überwindet gemeinsam Hindernisse, beispielsweise im Wald, oder baut einen Hindernisparcours zu Hause auf.
- Sing deinem Kind das Kinder-mut-mach-Lied[20] vor.

Laufen lernen

Alle Eltern fiebern den ersten Schritten ihres Sprösslings aufgeregt entgegen. Zumindest beim ersten Kind – beim zweiten sind wir oft froh, wenn es sich etwas Zeit lässt, bis wir ihm überall hinterherflitzen müssen. Die ersten Schritte können lange auf sich warten lassen, aber auch schon vor dem ersten Lebensjahr als Entwicklungsmeilenstein erreicht werden – das ist von Kind zu Kind sehr verschieden.

Es ist ein wundervolles Bild: ein Elternteil, das sein Kind an beiden Händen hält, während es in dieser völlig neuen Position herrlich strahlt, und mit Mama oder Papa durch die Wohnung watschelt. Wir feuern es an und jubeln mit unserem Kind, wenn es schließlich freihändig losläuft. Dabei gehört das Hinfallen und Wiederaufstehen zum Lernen dazu.

Das Laufen eröffnet dem Kind ganz neue Möglichkeiten: Es kann schneller dorthin gelangen, wo es hinwill und es kann nun seine Hände benutzen. Das ist für dein Kind ein wunderbares Gefühl von Freiheit.

Auch für uns als Töchter Gottes gilt es im übertragenen Sinne, das Laufen zu lernen. Damit ist gemeint, Jesus nachfolgen zu lernen. Paulus vergleicht in der Bibel unser Leben als Nachfolger Jesu mit einem Wettlauf. Dabei ist es wichtig, dass ein Läufer trainiert, Verzicht übt und dranbleibt.

Das klingt anstrengend, aber ich glaube, dass unser himmlischer Vater ebenso wie wir als Eltern, uns wie ein guter Coach Schritt für Schritt hilft. Er zieht uns auf unsere Beine und hält uns an unseren Händen, bis wir freihändig gehen können. Er jubelt über uns, feuert uns an und versorgt alle Wunden, die wir in diesem Prozess davontragen. Und jeder Schritt, den wir im Glauben und im Gehorsam Gott gegenüber tun, wird uns gleichzeitig in eine tiefere, innere Freiheit führen.

Er wird unsere Hände neu gebrauchen können, um sein Reich auf dieser Welt zu bauen, wenn wir gelernt haben, ihm zu folgen. Dabei wird er uns möglicherweise an völlig neue Orte bringen, um dort sein Reich zu bauen, wenn wir gelernt haben, auf seine Stimme zu hören.

Ebenso wie unsere Kinder müssen wir aber vorher verschiedene Muskeln trainiert haben, um uns aufrichten zu können, wir müssen das Gleichgewicht halten können und vieles mehr. Egal, wo du dich also im Moment in diesem Prozess befindest, es lohnt sich, sich nach mehr auszustrecken.

Vielleicht siehst du grade, wie dein Kind beginnt, sich an Möbelstücken hochzuziehen. Ich möchte dich ermutigen: Sei auch du neugierig und eifrig darin, Gott noch mehr kennenzulernen, ihn noch mehr zu suchen und dich nach *Himmelsmomenten* und Wachstum in deinem geistlichen Leben auszustrecken.

Fragen zum Weiterdenken

- Welche Schritte in der Nachfolge bist du schon gegangen (oder gekrabbelt)?
- Hast du diese neue Freiheit schon mal gekostet?

Aktivitäten mit deinem Kind

- Gemeinsam watscheln: Falls dein Kind sich bereits an Möbeln hochzieht, stelle es doch mal mit seinen Füßen auf deine und laufe dann langsam los. Achte dabei darauf, dass dein Kind damit nicht überfordert ist oder Angst bekommt.
- Mit deinem Baby kannst du Fahrrad fahren spielen, indem du es auf den Rücken legst, seine Füßchen nimmst und langsam jedes Bein abwechselnd wie beim Fahrradfahren bewegst. Mit deinem Kleinkind kannst du auch barfuß Fuß an Fuß zusammen *Fahrrad fahren*.

Gehorsam

Dies ist vermutlich *das* Elternthema schlechthin. Wir alle wünschen uns so sehr gehorsame Kinder, die es uns leicht machen und uns möglichst wenig fordern, oder? Und uns alle treibt die Frage um: Wie erreiche ich es, dass meine Kinder gehorsam sind?

Es gibt verschiedene Methoden, ein Kind durch äußere Anreize wie Strafen oder Belohnungen dazu zu bewegen, zu gehorchen. Das scheint der schnelle Weg zu sein. Aber was ich mir eigentlich wünsche, ist, dass mein Kind sich aus seinem Herzen heraus, dafür entscheidet, uns als seinen Eltern zu gehorchen.

Um das zu erreichen, müssen wir geduldig in die Bindung zu unserem Kind investieren, denn Vertrauen ist die wichtigste Voraussetzung für Gehorsam. Dies ist ein Weg, der seine Früchte vielleicht nicht sofort zeigen wird, aber es ist der Weg der Liebe.

Gerade in einer schwierigen Situation mit deinem Kind, in der du Gehorsam verlangst, kann Geduld ein wichtiger – wenn nicht sogar *der* – Schlüssel sein. Oft musste ich nur etwas warten und für mein Kind und seinen Wunsch Verständnis äußern, dann folgte es meiner Aufforderung von allein. Wichtig ist jedoch, dass wir immer das Entwicklungsalter unserer Kinder bei unserer Forderung nach Gehorsam berücksichtigen, denn bestimmte Verhaltensweisen kann das Kind erst umsetzen, wenn sein Gehirn so weit entwickelt ist.

Spannend ist, dass wir in der Bibel beide Wege finden: Im Alten Testament gab es Strafen, jedoch bewirkten diese nie, dass Gottes Kinder (sein Volk) all seine Gebote hielten, stattdessen entfernten sie sich immer wieder von ihm. Unter dem neuen Bund Gottes mit uns Menschen hat Jesus alle Strafe auf sich genommen, denn Gott weiß, dass wir die innige Vertrautheit und Beziehung mit ihm brauchen, um sein Gebot der Liebe zu leben.

In ständiger Angst, etwas falsch zu machen, oder in ständiger Scham wegen unserer Fehler, hätten wir nie die Vertrautheit mit Gott erlangen können, die er sich wünscht. Er sagt: „Und ich werde meinen Geist in euer Inneres geben; und ich werde machen, dass ihr in meinen Ordnungen lebt und meine Rechtsbestimmungen bewahrt und tut" (Hesekiel 36,27; ELB).

Gott wird es durch seinen Geist, der in uns wohnt, bewirken. Wo Gott Gehorsam von uns fordert, steht dahinter die Frage: „Vertraust du mir?"

Wayne Jacobsen schreibt dazu in seinem Buch „Geliebt": „Dieser Vater (Gott) wünscht sich nicht nur ihren Gehorsam, sondern auch ihre Zuneigung. Den Gehorsam kann er auch ohne Ihre Liebe haben, aber er weiß, dass dort, wo er ihre Liebe hat, er auch ihre Folgsamkeit hat."[21]

Eine sichere Bindung, ein starkes Urvertrauen, ist die Basis für Gehorsam. Darum ermutige ich dich, auf die Früchte der Liebe geduldig zu warten. Und ich ermutige dich außerdem, dass du dich anstatt auf deine eigenen Fehler und Schwächen ganz auf deine Beziehung mit Papa-Gott konzentrierst, dich in seine Gegenwart bewusst begibst und von ihm lieben lässt. Aus dieser innigen Gemeinschaft wird alles andere fließen.

Fragen zum Weiterdenken

- Warst du als Kind eher gehorsam oder rebellisch?
- In welchen Situationen ist dir der Gehorsam deines Kindes sehr wichtig?
- Fällt es dir leicht, Gott zu gehorchen, wenn er dich um etwas bittet?

Aktivität mit deinem Kind

- Sprich mal laut, dann ganz leise oder flüstere. Dein Kind wird es bestimmt nachmachen und ihr könnt daraus ein kleines Spiel machen.

Alles neu – Generationskonflikte

Alles ist neu – die Geräusche, die dein Baby plötzlich wahrnimmt, die Schwerkraft, die auf einmal auf seinen kleinen Körper wirkt, der helle Lichtschein – all das ist, nachdem es geboren ist, erst mal neu für unser Kind und es muss sich nach und nach an die Welt *hier draußen* gewöhnen.

Genauso, wie für unsere Kleinen alles neu ist, wenn sie das Licht dieser Welt erblicken, beginnt auch für uns etwas Neues. Eine neue Verantwortung und neue Gefühle, die unser Herz manchmal nahezu überschwemmen. Die Paarbeziehung verändert sich, und auch andere Beziehungen in unserem Umfeld – insbesondere die Beziehung zu den eigenen Eltern und zu den Schwiegereltern. Sie sind genauso aufgeregt wie wir, verspüren zu unserem Baby auch eine Verbundenheit und wünschen sich, diese ausdrücken zu können. Sie meinen es gut und wollen uns mit Rat und Tat zur Seite stehen.

Meine Mutter war mir tatsächlich mit meinem ersten Kind zu Beginn eine große Hilfe. Doch natürlich bietet diese neue Lebenslage, in die sich alle Beteiligten erst einmal hineinfinden müssen, auch viel Potenzial für Konflikte – besonders, wenn unsere Generation so vieles ganz anders macht.

Zum Glück konnten meine Mutter und ich sehr offen über Themen wie Familienbett oder Erziehung ohne Strafen reden – das war sehr hilfreich. Vielleicht scheiden sich die Geister in deiner Familie aber gerade an dem Thema Gehorsam und dem

Umgang mit dem Grenzensetzen. Es kann aber auch sein, dass ein Thema, bei dem du dich selbst noch in einem Prozess befindest, besonders schwierig ist. Bei mir selbst bemerkte ich, dass ich besonders in stressigen Situationen genauso auf meine Kinder reagierte wie meine Eltern damals auf mich in meiner Kindheit. Als mir dies bewusst wurde, konnte ich meinen eigenen Eltern mehr Verständnis entgegenbringen und Verletzungen aus meiner Kindheit aufarbeiten.

Als Jesus auf diese Welt kam, schien Gott aus Sicht der damaligen Generation plötzlich alles anders zu machen als all die Jahre zuvor. Es war wie eine Revolution – Jesus vergab Sünden *einfach so* und hielt Predigten, die besonders die religiöse Elite nicht verstand. Es war etwas Neues angebrochen, doch die alte Prägung saß tief und so mancher konnte diese aufgrund seines eigenen Stolzes und seiner Ängste nicht loslassen.

Der neue Bund, der mit Jesus begann, beendete den alten Bund des Gesetzes. Durch diesen neuen Bund ist eine völlig andere Beziehungsqualität zwischen Mensch und Gott möglich. Jesus selbst spricht von *neuem Wein*, der nicht in alte Schläuche gefüllt werden könne, womit er ausdrücken will, dass wir den alten Bund nicht mit dem neuen Bund vermischen sollen.

Gott sagt: „Denkt nicht mehr daran, was war und grübelt nicht mehr über das Vergangene.

> ***Seht hin; ich mache etwas Neues; (...)***
> **Jesaja 43,18-19 (NLB)**

Gott hat sich in seinem Wesen nie verändert – und trotzdem können wir nun erst in Jesus erkennen, wie er wirklich ist: „Doch die Gedanken der Menschen wurden verfinstert, und bis auf den heutigen Tag liegt ein Schleier über ihrem Denken. Wenn das Gesetz des alten Bundes vorgelesen wird, erkennen sie die Wahrheit nicht. Dieser Schleier kann nur durch den Glauben an Christus aufgehoben werden" (2. Korinther 3,14; NLB). Wenn die Scham durch Jesus weggenommen ist, können wir Gott wieder in die Augen sehen und seine Liebe erkennen, wir sind dann frei davon, uns selbst rechtfertigen, gerecht machen zu müssen.

Im neuen Bund mit Gott zu sein, hat Auswirkungen auf unser ganzes Familienleben. Regeleinhaltung mit Druck oder Angst durchzusetzen, davon sollten wir uns meinem Verständnis nach lösen. Stattdessen können wir mit unseren Kindern beziehungsorientiert leben. Ich muss mir dies selbst immer wieder vor Augen halten, denn auch bei mir saß eine andere Prägung tief, aber ich bin davon überzeugt, dass die Kraft der Liebe stärker ist als die der Angst.

> *Und wenn wir in Gott leben, dann kommt seine Liebe in uns zum Ziel. Und wir können dem Tag des Gerichts mit Zuversicht entgegensehen, denn wir leben in dieser Welt in derselben Gemeinschaft mit Gott wie Christus. Und unsere Liebe kennt keine Angst, weil die vollkommene Liebe alle Angst vertreibt. Wer noch Angst hat, rechnet mit Strafe, und das zeigt, dass seine Liebe in uns noch nicht vollkommen ist.* 1. Johannes 4,17-18 (NLB)

Fragen zum Weiterdenken

- Wie geht es dir in eurem familiären Netzwerk? Gibt es Konflikte oder läuft es sehr harmonisch, seitdem dein Kind auf der Welt ist?
- Wie würdest du den Unterschied zwischen dem alten und dem neuen Bund beschreiben?

Aktivität mit deinem Kind

- Wagt etwas Neues zusammen, wie das Besteigen eines hohen Berges, fahrt auf einen neuen Spielpatz oder besucht eine neue Vereins-/Krabbelgruppe.

Scham

Scham ist ein zutiefst unangenehmes Gefühl, denn sie ist schwer auszuhalten und sie drückt die Seele nieder. Wenn wir uns schuldig fühlen und uns schämen, dann geraten wir quasi in einen inneren Konflikt mit uns selbst. Wir können uns dann nicht mehr selbst in die Augen schauen und anderen schon gar nicht. Gleichzeitig glauben wir, dass unsere Schuld für jedermann sichtbar auf unsere Stirn geschrieben ist. Scham blockiert sowohl die Beziehung zu anderen als auch zu uns selbst.

Ein besonderer Aspekt von Scham in unserer Eltern-Kind-Beziehung tritt dann ein, wenn wir uns für das Verhalten unserer Kinder schämen. Vielleicht hast du gerade einen süßen Wonneproppen von sechs Monaten und gar keine Idee, wovon ich da rede, denn während des ersten Lebensjahrs erleben wir Eltern viele Momente, in denen wir unsere Kleinen anfeuern und stolz auf sie sind.

Wenn sie dann aber ihren eigenen Willen entdecken, kann uns das herausfordern. Als mir einmal bewusstwurde, dass ich mich schämte, weil mein Sohn vor anderen ein anderes Kind verletzt hatte, zeigte Gott mir behutsam, dass diese Scham aus meiner Angst und Selbstbezogenheit und nicht aus Liebe entsprang. Bedingungslose Liebe schämt sich nicht für den anderen.

Ich möchte nicht, dass mein Kind sich vor mir versteckt, wenn es merkt, dass es etwas falsch gemacht hat. Mir ist durch diese Situation bewusst geworden: Wenn ich in inniger Verbundenheit mit meinem Kind bleiben will, muss ich sensibel mit seinen

Fehlern umgehen, ohne Scham und Angst in ihm auszulösen und auch ohne mich für sein Fehlverhalten zu schämen. Scham und Angst haben zwischen uns keinen Platz.

Scham aufgrund von Schuld ist es auch, die die Beziehung zwischen Mensch und Gott blockierte. Gott hat sich nicht von Adam und Eva abgewandt, als sie sein Gebot übertraten, aber Eva und Adam konnten anschließend seine Gegenwart nicht mehr ertragen, weil diese sie mit ihrer Scham konfrontierte. Gott lag alles daran, die durch dieses Ereignis entstandene Mauer zwischen ihm und den Menschen wieder zu Fall zu bringen. Deshalb lud er in der Person Jesu die Schuld aller auf sich selbst, damit wir wieder frei seine Gegenwart genießen können.

Gott hat kein Problem mit deiner Schuld, wenn du sie bekennst und um Vergebung bittest. Er sehnt sich danach, dich in den Arm zu schließen. Gott schreit dich nicht an, wenn du etwas falsch machst. Er ist nie enttäuscht von dir und schämt sich nicht für dich! Es mag schon sein, dass er deine Schuld anspricht, wenn du es nicht tust, aber er tut dies sanftmütig und in väterlich, liebevoller Zugewandtheit mit dem Ziel, sie dir abzunehmen.

Fragen zum Weiterdenken

- Erinnerst du dich an einen Moment in deiner Kindheit, in welchem du tiefe Scham empfunden hast?
- Wie innig verbunden fühlst du dich mit Gott? Kannst du seine Gegenwart genießen? Oder kann es sein, dass da noch Scham oder Angst zwischen euch steht?

Aktivität mit deinem Kind

- Spielt Verstecken miteinander oder versteckt ein Kuscheltier, das dein Kind suchen muss. Es darf bis zum Alter von zwei Jahren zuschauen, wo du es in etwa versteckst.

Geschwisterliebe

Geschwister sind ein Segen! Mit einem Bruder oder einer Schwester neue oder schwierige Situationen gemeinsam zu bestehen, kann so viel Kraft geben. Gemeinsam sind wir stärker und mutiger als allein.

Doch gerade als kleines Kind gibt es neben den vielen wunderschönen Momenten, in denen man mit seinen Geschwistern völlig ins Spiel vertieft ist, auch jene Zeiten, in denen man aufeinander wütend ist, sich über den anderen ärgert oder auf ihn eifersüchtig ist. Streitereien meiner Kinder geduldig zu begleiten, fordert mich oft heraus.

Ich erinnere mich aber auch noch sehr gut daran, dass wir Geschwister in einer schwierigen Familiensituation in meiner Kindheit alle gemeinsam in einem Bett lagen und uns gegenseitig einfach festhielten. Solche Umstände können uns mit anderen noch enger zusammenschweißen. Andererseits erinnere ich mich auch an viele Zeiten, in denen wir so albern miteinander waren, dass wir am nächsten Tag Lachmuskelkater hatten.

Wenn wir Jesus unser Leben anvertrauen, werden wir eine Tochter Gottes und damit auch zu einer Schwester in einer riesigen Familie von Gläubigen. Das ist ein großes Geschenk! Doch genau wie unsere Kinder aufgrund ihrer Unreife miteinander streiten oder Eifersucht entwickeln, kann das auch in dieser großen Familie passieren. Aber Gott als unserem Vater ist der Frieden und die Liebe unter seinen Kindern unglaublich wichtig.

Als Mama kann ich diesen starken Wunsch jetzt noch viel mehr nachempfinden. Immer wieder mahnt Gott uns in seinem Wort, einander zu ermutigen und zu erbauen, einander schnell und immer wieder zu vergeben, einander zu trösten und zu helfen und einander zu lieben, so wie er es tut.

Ich liebe seinen Traum von der *Großfamilien-Gemeinde*: Menschen, die sich gegenseitig unterstützen, helfen und lieben. Letztlich werden wir in dem Maß, in dem wir seine Liebe für uns erkennen, auch immer fähiger, andere so zu lieben wie er uns.

Bei meinen Kindern beobachte ich genau dieses Prinzip: Wenn sie sich wirklich von mir gesehen fühlen und ihr Bindungsbedürfnis gestillt ist, dann gibt es weniger Streit. Das gelingt mir als Mama im Alltag natürlich nicht immer, aber bei Gott ist das anders.

Er kann und will unseren Liebestank jederzeit auffüllen, von seiner Seite aus sind alle Voraussetzungen da – er hat immer Zeit, stets ein offenes Ohr, er ist nie zu beschäftigt, er putzt auch nicht nebenbei die Küche, während wir mit ihm sprechen wollen, stattdessen schaut er uns an und hört uns zu.

> *Und ich bete, dass Christus durch den Glauben immer mehr in euren Herzen wohnt und ihr in der Liebe Gottes fest verwurzelt und gegründet seid. So könnt ihr mit allen Gläubigen ihr ganzes Ausmaß erfassen, die Breite, Länge, Höhe und Tiefe.* Epheser 3,17-18 (NLB)

Fragen zum Weiterdenken

- Falls du bereits mehrere Kinder hast: In welchen Momenten hast du tiefe Verbundenheit zwischen ihnen deutlich gesehen? Was sind häufige Konfliktpunkte?
- Wenn du an Gemeinde, Kirche, Christen und *Geschwister im Glauben* denkst, welches Gefühl kommt auf?

Aktivitäten mit deinen Kindern

- Setzt euch in einen Kreis, haltet euch an den Händen und singt euch gegenseitig den Refrain von „Wie schön, dass du geboren bist“ zu – mit der Anpassung „wir feiern, dass wir Gottes Kinder sind“ statt „wir gratulieren dir ...“.
- Bei welchen Tätigkeiten kann das große Geschwisterchen der Mama bei der Versorgung des Kleineren helfen – beim Wickeln oder beim Anziehen?

Teilhaben

Etwa im zweiten Lebensjahr ahmen uns die Kleinen gerne nach und schauen sich genau an, was wir tun. Sie wollen uns am liebsten bei allem helfen und alles ausprobieren, was wir machen. Da ist Kreativität gefragt, um sie an unseren Handlungen teilhaben zu lassen, ob bei der Gartenarbeit oder in der Küche.

Ich habe meine kleinen Kinder zum Beispiel die geschnittenen Kartoffeln in den Topf mit kaltem Wasser hineinplumpsen lassen, ihnen ein paar trockene Nudeln und einen Topf gegeben, sodass sie das Einschütten und Rühren selbst nachmachen konnten oder habe ihnen einfach auch einen Putzlappen mit Wasser in die Hand gegeben, mit dem sie dann nach Herzenslust die Badewannenwand putzen durften, während ich das Klo schrubbte.

Kinder lieben es in diesem Alter einfach, mit dabei zu sein, teilhaben zu können und das zu machen, was die Großen tun. Und Haushaltsgegenstände sind für sie oft viel interessanter als ihre Spielsachen. Auch wenn sie uns dabei vielleicht nicht wirklich helfen, sondern womöglich sogar noch mehr Arbeit hinterlassen, ist es goldig, ihnen beim *Helfen* zuzusehen, und so wertvoll, sie miteinzubeziehen. Diese gemeinsamen Aktionen sind zutiefst glücklich machende Erlebnisse für unsere Kinder.

Jesus selbst sagt über sich: „Ich versichere euch: Der Sohn kann nichts aus sich heraus tun. Er tut nur, was er den Vater tun sieht. Was immer der Vater tut, das tut auch der Sohn" (Johannes 5,19, NLB).

Papa-Gott verhält sich mit uns als seinen Töchtern genauso wie wir mit unseren Kindern. Er möchte uns in das, was er tut, mit einbeziehen – er möchte uns teilhaben lassen.

> *Denn wir sind Gottes Schöpfung. Er hat uns in Christus Jesus neu geschaffen, damit wir die guten Taten ausführen, die er für unser Leben vorbereitet hat.*
> Epheser 2,10 (NLB)

Gott bereitet Werke vor, die wir als seine Kinder mit seiner Hilfe tun können. Gott bräuchte uns nicht, um sein Reich zu bauen, um Menschen zu retten, zu heilen und zu befreien, aber er hat sich dazu *entschieden*, all diese Wunder mit und durch uns zu tun. Er hat beschlossen, uns an seinen göttlichen Gaben teilhaben zu lassen, auch wenn er weiß, dass wir *noch nicht erwachsen sind* und dabei vielleicht auch Fehler machen werden. Dabei nimmt er uns mit hinein in seine Träume und in seinen Willen – das ist so erstaunlich wie wunderbar.

„Wie gewagt ist, wie du liebst", heißt es in dem Lied „Gewagte Liebe" von Urban Life Worship. Gott lässt uns so tief mit ihm in Verbundenheit leben, dass wir an seiner Göttlichkeit teilhaben. Dabei nimmt er uns an die Hand und lässt uns gemeinsam mit ihm handeln. Es mag sein, dass wir anfangs nur *Kartoffeln in den Topf werfen*, doch wenn wir uns danach ausstrecken und wachsen, wird er uns mehr und mehr an seinen Werken mitwirken lassen.

Fragen zum Weiterdenken

- An welchen Aktivitäten kannst du dein Kind teilhaben lassen? Wie erlebst du diese gemeinsamen Betätigungen, wie erlebt sie dein Kind?
- Wo fordert dich die Vorstellung, mit Gott zusammenzuarbeiten, heraus? Wo hast du bereits Anteil an seinen Werken?

Aktivitäten mit deinem Kind

- Noch mehr Teamwork: Lass dein Kleinkind seine Plastikbecher spülen, während du sie dann abtrocknest
- Lass dein Kind beim Wäschesortieren helfen und frage dabei: „Erkennst du, was dir gehört? Ist das Papas Socke oder deine?“

Gemeinsam Essen

Verbundenheit erleben viele Familien bei gemeinsamen Mahlzeiten. Diese geben dem Tag eine Struktur und schaffen Raum für Austausch. Das gemeinsame Essen ist ein Ritual, das oft so selbstverständlich für uns ist, dass wir es gar nicht als solches benennen würden. Bei uns startet ein gemeinsames Essen fast immer mit einem Tischgebet oder Lied.

Unsere Kinder lieben diesen Teil des Familienlebens und sind voll mit dabei. Schon die Kleinsten profitieren davon, mit am Tisch zu sitzen und beobachten zu können, wie man das so macht mit Gabel und Löffel. Bis das mit dem selbstständigen Essen gut klappt, dauert es eine Weile, und so manches Mal fand ich es auch anstrengend, die Kinder zu versorgen und selbst dabei auch noch irgendwie-irgendwas in den Magen zu bekommen, besonders wenn man mit ihnen Feste oder Veranstaltungen besucht.

Wissenschaftler und Familientherapeuten betonen ebenfalls, welche positiven Auswirkungen gemeinsame Familienmahlzeiten auch auf die Entwicklung von Kindern haben.[22] Es gibt sogar Organisationen wie den schweizerischen Verein *Cuisine sans frontières*, die gemeinsame Mahlzeiten in Krisengebieten organisieren, um verfeindete oder rivalisierende Gruppen wieder zusammenzubringen. Direkt nach einem Essen sind wir Untersuchungen zufolge tatsächlich viel empathischer und auch toleranter unseren Mitmenschen gegenüber.[23]

In unserer heutigen Gesellschaft geht dieses Ritual jedoch leider immer mehr verloren – es ist nicht mehr so einfach, alle

Familienmitglieder an einen Tisch zu bekommen. Umso bewusster können und sollten wir es genießen.

Auch Gott nutzt als Vater gemeinsame Mahlzeiten, um Verbundenheit mit uns, seinen Kindern, zu leben und auszudrücken, und Jesus hat es uns vorgelebt. Besonders wichtig war ihm das letzte Abendmahl mit seinen Jüngern.

> *Jesus sagte: „Ich habe mich sehr danach gesehnt, dieses Passahmahl mit euch zu feiern, bevor mein Leiden beginnt."* Lukas 22,15 (NLB)

Warum er sich so sehr auf dieses Abendessen gefreut hat, verstehen wir, als er den Jüngern erklärt, dass das Brot, das er zerbricht und von dem jeder einen Teil erhält, als Symbol für seinen Körper steht, der am Kreuz für jeden Menschen zerbrochen werden würde, und dass der Wein in dem Kelch, aus dem jeder trinkt, für sein Blut steht, das vergossen werden würde, um jeden, der dies annimmt, von aller Schuld reinzuwaschen.

Jesu Sehnsucht war und ist, dass Menschen Gottes Liebe erkennen, für alle Zeit dieses Mahl zusammen einnehmen und damit ihre neue Verbundenheit mit Gott bezeugen. Er wünschte sich, dass sie voller Dankbarkeit die neue Freiheit und ihren neu gewonnen inneren Frieden feiern.

Wenn wir im Glauben das Brot und den Wein zu uns nehmen, verbinden wir uns mit Jesu Werk am Kreuz und so auch mit seinem Sieg über die Macht des Todes. Wir machen uns eins mit ihm. Das ist wirklich ein Grund zum Feiern.

Tag für Tag kamen die Gläubigen einmütig im Tempel zusammen und feierten in den Häusern das Abendmahl. In großer Freude und mit aufrichtigem Herzen trafen sie sich zu den gemeinsamen Mahlzeiten.
Apostelgeschichte 2,46 (Hfa)

Warum ist es Jesus so wichtig, dass wir dieses Mahl so oft bewusst zu uns nehmen? Eine Antwort finden wir in Johannes 6,53-53 (Hfa): „Wer meinen Leib isst und mein Blut trinkt, der bleibt in mir, und ich bleibe in ihm. Ich lebe durch die Kraft Gottes, des lebendigen Vaters. Ebenso wird jeder, der meinen Leib isst, durch mich leben."

Fragen zum Weiterdenken

- Wie kannst du gemeinsame Mahlzeiten in deiner Familie ermöglichen und gestalten?
- Was empfindest du, wenn du das Abendmahl einnimmst? Was bedeutet es – in deinen Worten ausgedrückt – für dich? Feierst du das Abendmahl auch zu Hause?

Aktivitäten mit deinem Kind

- Mit Essen kann man super spielen (ohne dass es dadurch ungenießbar wird). Du kannst beispielsweise eine Schüssel voll Linsen füllen und deinem Kind auf einem Tablett das Umfüllen in andere Gefäße mit Löffel oder Kelle erlauben, oder es darf Spaghetti in Strohhalme stecken, um seine Feinmotorik zu schulen.
- Dein Baby liebt es sicherlich, an einem selbstgebackenen Brötchen zu lutschen, oder ihr singt zusammen das Lied „Backe, backe Kuchen".

Geduld

Mütter brauchen einen langen Geduldsfaden. Leider wächst dieser nicht automatisch mit unserem schwangeren Bauch mit und spätestens, wenn unser Kleines seinen ersten Geburtstag gefeiert hat, werden wir auf so manche Geduldsprobe gestellt. Du hast bestimmt auch schon erlebt, dass dein *Faden riss* – er war einfach schon völlig überstrapaziert.

Geduld wird in unserer Gesellschaft nur noch wenig vermittelt – dank der vielen Technik sind wir es oft nicht mehr gewohnt, zu warten. Dabei ist Geduld im Alltag mit unseren Kindern so hilfreich – beim Anziehen, beim Zähneputzen, einfach bei allem möglichen, was mein Kind allein machen will. Wir brauchen aber auch Geduld bei Gefühlsausbrüchen, beim Einschlafen und beim Lernen.

Ich las einmal an einem Kinderzimmerfenster folgenden Spruch: „Gott hat die Zeit erschaffen, von Eile hat er nichts gesagt!" Das entlockte mir ein Schmunzeln und gefiel mir gut. Es erinnerte mich aber auch daran, dass ich meine Kinder häufig scheuche oder dass ich ungeduldig denke, dass sie manches mittlerweile verstanden haben sollten, weil ich sie schon sooo oft ermahnt oder erinnert habe.

Wenn ich Geduld lernen will, dann brauche ich nur auf Gott zu schauen, denn die Bibel stellt uns Gott als sehr langmütigen

Vater vor. Er wartet auf uns, er ist geduldig mit unseren Fehlern und Schwächen und mit unseren Lernprozessen.

> *Er ging an Mose vorüber und sprach: „Ich bin der Herr, der barmherzige und gnädige Gott. Meine Geduld, meine Liebe und Treue sind groß."* 2. Mose 34,6 (NLB)

In einer wörtlicheren Übersetzung steht an dieser Stelle „langsam zum Zorn". Und das trifft es so gut! Ungeduld äußert sich in Ärger und Zorn. Geduld ist eine optimistische Haltung meinem Mitmenschen gegenüber: „Er wird es schon noch lernen."

Wenn mir bewusst wird, wie geduldig, langmütig und sanftmütig Gott mit mir ist, dann kann ich es auch meinen Kindern *und* mir selbst gegenüber sein. Denn oft merke ich, dass ich auch mit mir selbst eher ungeduldig bin. Aber ich kann ein Ja zu meinem Lernprozess finden.

Vieles, was ich für mich im Umgang mit meinen Kindern als richtig erkannt habe, setze ich oft noch nicht so um, wie ich es gerne würde. Ich selbst muss noch eine Menge lernen und das ist in Ordnung.

I'm on the way.

Fragen zum Weiterdenken

- Bist du ein geduldiger Mensch?
- Warum reißt unser Geduldsfaden eigentlich manchmal so schnell? Was steckt dahinter?
- Wie kann ich Zeitdruck im Familienalltag vermeiden?

Aktivitäten mit deinem Kind

- Apropos Geduldsfaden: Versuch doch mal ein Fädelspiel mit deinem Kleinkind zu spielen.
- Vor dem Gesicht deines Babys kannst du ein Spielzeug an einem Faden langsam hin und her bewegen und schauen, ob es dem Spielzeug bereits mit den Augen folgt oder sogar schon danach greift. Wenn es seine ersten Krabbelversuche macht, kannst du das Spielzeug auch auf dem Boden langsam vor deinem Kind herziehen und schauen, ob es ihm hinterherkrabbelt.

Sprechen lernen

Die ersten Laute unserer Kleinen begrüßen wir mit heller Freude. Mit ihren glucksenden Silben bringen unsere Babys uns so manches Mal zum Schmunzeln. Gleichzeit ahmen wir sie dabei fleißig nach, wodurch wir sie so in ihren ersten zarten Versuchen, das Sprechen zu erlernen, bestärken und fördern.

Intuitiv ist unsere Stimmlage höher, wenn wir mit Babys sprechen. Unsere Sätze sind einfacher, wir reden langsamer und wir halten Blickkontakt, während unser Baby unsere Mundbewegungen beobachtet. Dabei sprechen wir ihnen Worte immer wieder vor und zeigen gleichzeitig auf die jeweiligen Gegenstände oder Personen. Durch Fragen können wir sogar Babys schon dazu einladen, sich uns mitzuteilen.

Jedes Kind hat dabei sein eigenes Entwicklungstempo. Konnten unsere Babys uns zunächst hauptsächlich durch Körpersprache zeigen, was sie brauchen – so bietet uns die gemeinsame Sprache schließlich viel mehr Möglichkeiten, über tiefere Bedürfnisse und Gedanken in den Austausch zu kommen.

Und die tiefen Themen ließen bei uns nicht lange auf sich warten: Bereits mit drei Jahren fragte mich mein Sohn, wo Gott ist. Ich nenne es die *Sesamstraßen-Phase*, in der Kinder beginnen, alles Mögliche zu erfragen – wieso, weshalb, warum? Sprache ermöglicht uns Menschen Tiefe in der Erfassung der Welt und in Beziehungen zu erleben. Sprache verbindet!

Die Bibel berichtet, dass Gott die Erde und uns Menschen durch Sprache, durch Worte erschuf. Er sprach und es geschah! Es liegt also eine Schaffenskraft, eine besondere Wirkung in ausgesprochenen Worten, und bis heute ist Sprache der Hauptverbindungsweg zwischen Gott als Vater und uns, seinen Kindern. Darüber hinaus nutzt Gott völlig andere Wege der Kommunikation mit uns, aber wir Menschen nutzen zumeist den sprachlichen Weg, um mit ihm zu kommunizieren.

Kommunikation ist Macht, das wird schon recht früh im Alten Testament an der Geschichte vom Turmbau zu Babel deutlich, in der die Menschen mit der Macht der Verbindung durch eine gemeinsame Sprache nicht gut umgingen. Das war schließlich der Grund, dass Gott ihre Sprache verwirrte, also plötzlich alle Menschen verschiedene Sprachen sprachen und ihren gemeinschaftlich geschmiedeten, bösen Plan nicht mehr in die Tat umsetzen konnten.

Nach Jesu Tod und Auferstehung, schenkte Gott an Pfingsten mit der Ausgießung des Heiligen Geistes allen Gläubigen eine neue Sprache – eine neue Verbindungsmöglichkeit mit ihm. Die Bibel nennt es das *Sprachengebet* oder auch *Zungenrede*.

> ***Sobald sie das hörten, ließen sie sich auf den Namen von Jesus, dem Herrn, taufen. Als Paulus ihnen danach die Hände auflegte, kam der Heilige Geist über sie, und sie redeten in anderen Sprachen und weissagten.***
> Apostelgeschichte 19,5-6 (NLB)

Fragen zum Weiterdenken

- Hat dein Kind besondere Gesten entwickelt, um ein bestimmtes Bedürfnis zu äußern?
- Weißt du noch, welches Wort dein Kind als erstes aussprechen konnte?

Aktivitäten mit deinem Kind

- Benenne beim Wickeln die Körperteile deines Babys.
- Spiele mit deinem Kleinkind „Alle Vögel fliegen hoch“.

Allein machen!

Lässt dein Mäuschen sich widerstandslos von dir an- und ausziehen? Darfst du noch aussuchen, was getragen wird, sodass alles schön zueinander passt? Dann genieß es! Eineinhalbjährige wissen da teilweise schon ganz gut selbst Bescheid, ob es das rosa oder das lilafarbene Shirt sein soll. Plötzlich möchten sie alles allein machen – und sie mühen sich und strengen sich an, ihre Schuhe verkehrtherum anzuziehen oder irgendwie in ihre Hose zu kommen.

Manchmal ist das total drollig und süß mitanzusehen, manchmal aber auch wirklich anstrengend und für Mama und Kind frustrierend, wenn es nicht klappt und Zeitdruck entsteht. Unsere Kleinen wollen auf einmal schon ganz groß sein. Das Montessori-Motto „Hilf mir, es allein zu tun!" ist nicht immer so leicht umzusetzen. Es erfordert Einfallsreichtum, Geduld und Einfühlungsvermögen, unsere Kinder beim Selbstständigwerden zu ermutigen und zu unterstützen.

Wenn man sieht, wie verzweifelt sie sind, weil beide Füße im gleichen Hosenbein gelandet sind, möchte man so gerne eingreifen, aber je nach Temperament des Kindes kann das schnell zu noch mehr Frust führen. Da heißt es, langsam herantasten und fragen. Am besten lassen sich diese Situationen bei uns oft mit Humor lösen.

Gott mag sich auch so manches Mal wünschen, in das Leben seiner nach Unabhängigkeit strebenden Geschöpfe helfend eingreifen zu dürfen. Aber er respektiert unseren freien Willen und damit auch die Entscheidung, es ohne ihn machen zu wollen. Er weiß, dass Autonomie die Voraussetzung für freiwillige, echte Verbundenheit ist. Sobald ein Mensch sich in seiner Autonomie bedroht fühlt, wird er sich abwenden.

Gott wartet oft geduldig, bis wir auf ihn zugehen, doch leider wenden wir uns oft erst dann an ihn, wenn wir keinen anderen Ausweg mehr sehen. Es ist sicher schwer, sich zurückzuhalten, wenn man sein Kind in einer verzweifelten Lage sieht, besonders wenn man die Macht hat, für seine Kinder ganze Berge zu versetzen. Ich liebe Gott dafür, dass er so unaufdringlich, sanft und geduldig mit uns ist. Doch warum bitten wir nicht eher um Hilfe?

Wenn wir Gott nicht vertrauen, dann sorgen wir lieber für uns selbst, sichern uns möglichst gut ab und versuchen, so viel wie möglich unter eigener Kontrolle zu haben. Vielleicht haben wir Abhängigkeit in unserer Kindheit auch als sehr negativ erlebt, weil wir keine zuverlässige Hilfe hatten oder sie uns zu sehr aufgedrängt wurde.

Das Paradoxe daran ist, dass dieser Drang nach vermeintlicher Freiheit uns in Wahrheit in eine negative Bindung bringt. Wahre Freiheit erfahren wir erst in der liebenden Verbindung zum Vater, dort können wir in seine Ruhe treten und von unseren eigenen Werken, von unserem *Alleinemachen* ablassen, um echte Freiheit zu erleben.

> *Der Herr aber ist der Geist, und wo immer der Geist des Herrn ist, da ist Freiheit.* 2. Korinther 3,17 (NLB)

Fragen zum Weiterdenken

- Welche Herausforderungen hattest du bereits mit dem Autonomiedrang deines Kindes? Wie gut kannst du mit Frustmomenten umgehen?
- Wo kannst du dem Autonomiedrang deines Kindes mehr Raum geben?

Aktivitäten mit deinem Kind

- Die Welt der Großen in Mini-Format: Bau deinem Kleinkind aus großen Kartons sein eigenes Haus oder sein eigenes Auto, sodass es *groß* spielen kann. Das geht auch mit einem Bobby-Car und der Bemerkung: „Wow, du fährst ja schon Auto!“
- Dein Baby erfährt, dass es auch schon etwas bewirken kann, wenn es zum Beispiel Bälle bewegt oder unter einem Spielebogen Dinge in Bewegung bringen kann.

Fliegen lernen

Während einige Kinder einen sehr ausgeprägten Autonomiedrang haben, gibt es aber auch Kinder, die etwas mehr Ermutigung brauchen, um sich neue Dinge zuzutrauen und auszuprobieren, um die ersten wackeligen Schritte zu wagen, um die ersten Fahrversuche auf dem Laufrad zu bestreiten oder um auf andere Kinder zuzugehen. Manche brauchen diesen sanften Stups und das gute Zureden von Mama und Papa, die fest davon überzeugt sind, er oder sie wird es schaffen.

Das richtige Maß dabei zu finden, ist die große Kunst. Hier hilft den Kindern eine sichere Bindung zu den Eltern, wenn sie mehr und mehr ihre Umwelt erkunden. Bei Unsicherheit oder Angst kehren sie dann zur sicheren Basis bei Mama zurück, um sich nach kurzem Auftanken meist wieder vorzuwagen.

Während Vögel diesen Prozess in nur wenigen Tagen durchlaufen, brauchen Menschen dafür Jahre. Remo Largo, ein Kinderarzt, schreibt in seinem Buch „Babyjahre", dass die Bindungsbereitschaft in den ersten zwei Lebensjahren rasch zunimmt, um danach langsam wieder abzunehmen. Die meisten von uns stecken also noch mitten im Bindungsaufbau mit ihrem Kind. Da ist es völlig in Ordnung, wenn dein Kind noch viel sichere Basis braucht und sucht.

Es gibt ein wunderschönes Bild in der Bibel, das diesen Prozess auch für uns als Gottes Kinder beschreibt: „Er ging mit ihnen um wie ein Adler, der seine Jungen fliegen lehrt: Der scheucht sie aus dem Nest, begleitet ihren Flug, und wenn sie fallen, ist er da, er breitet seine Schwingen unter ihnen aus und fängt sie auf" (5.Mose 32,11; Hfa).

Gott als Vater gibt uns als seinen Kindern also auch hin und wieder diesen sanften Stups in die richtige Richtung, er ermutigt uns und ruft uns hinaus aus unserer Komfortzone, aus unserem gemütlichen Nest, um uns etwas Wunderschönes zu zeigen – die Welt von oben, die Welt aus himmlischer Perspektive.

Er will uns im übertragenen Sinne das Fliegen beibringen. So möchte er uns zeigen, wie wir gemeinsam mit ihm seinen Willen auf dieser Welt geschehen lassen – ein Stückchen Himmel auf die Erde bringen können. Manchmal fordert er uns heraus, auf eine gute väterliche Weise – in meiner Vorstellung mit einem Lächeln auf dem Gesicht –, und er versichert uns: „Ich bin da. Dir wird nichts geschehen, denn du fällst niemals tiefer als in meine Hände. Trau dich! Komm, mein Kind und flieg! Koste die Freiheit, zu der du berufen bist! Es gibt mehr für dich als dein kleines Nest."

Ein Leben im Vertrauen auf Gott ist ein Abenteuer. Wenn deine Bindung zum Vater stark genug ist, wird der Zeitpunkt kommen, an dem er dich aus dem Nest ruft. Bist du bereit zu fliegen?

Fragen zum Weiterdenken

- Fällt es dir schwer oder leicht, Vertrauen in die zunehmende Eigenständigkeit deines Kindes zu haben?
- Wann hast du deine Komfortzone das letzte Mal verlassen?
- Hast du dich schon einmal getraut, *auf dem Wasser zu laufen*, als Jesus dich rief?

Aktivitäten mit deinem Kind

- Fliegen spielen lieben Kinder doch in jedem Alter, deshalb kannst du bereits dein älteres Baby auf deinen Armen durch die Luft sausen lassen.
- Du kannst dich auch rücklings auf den Boden legen, deine Beine anwinkeln und dein älteres Baby auf deine geraden Unterschenkeln oder dein Kleinkind auf deine Füße legen, die Händchen hältst du fest und lässt es so ganz sanft ein wenig *fliegen*.

In der Ruhe liegt die Kraft

Füße hoch und einfach mal durchatmen! Wie sehr sehne ich mich in meinem Alltag nach kurzen Ruhezeiten, nach diesen *Kinder-Pingui-Momenten* (vielleicht kennst du die Werbung noch). Jeder Arbeitnehmer hat feste Pausenzeiten und auch wir Mamas sollten uns solche kleinen Pausen genehmigen. Die Umsetzung ist mit kleinen Kindern allerdings nicht immer leicht.

Wir können uns nicht einfach in einen Pausenraum zurückziehen oder ein „Bitte nicht stören"-Schild an die Bürotür hängen. Aber mal angenommen, du hast es geschafft, dein Kind ist in ein Spiel vertieft, und du lehnst dich grade in deinem Gartenstuhl zurück, dann genieße diesen Moment und lass ihn dir nicht von einem schlechten Gewissen, was alles noch getan werden muss, rauben. Blende das alles einmal aus. Ganz nach dem Motto: Du darfst! Und am Sonntag gilt das tatsächlich für den ganzen Tag!

Dass diese Ruhezeiten so wichtig sind, können dir viele Experten bestätigen! Der bekannte Prediger Spurgeon hat einmal in diesem Zusammenhang gesagt: „Es ist Weisheit, sich gelegentlich eine Auszeit zu nehmen. Langfristig gesehen werden wir mehr tun, wenn wir manchmal weniger tun."

Gott selbst hat uns als seinen Geschöpfen feste Ruhezeiten quasi verordnet. Er kennt uns am besten und weiß nur zu gut, wie sehr wir sie brauchen. Als unser fürsorglicher Vater war er uns hier sogar ein Vorbild, als er nach der Schöpfung der Erde von seiner Arbeit ausruhte. Fühl dich darum ermutigt, dir als Tochter Gottes Pausen zu genehmigen.

> *Wer in Gottes Ruhe hineingekommen ist, wird sich von seiner Arbeit ausruhen, so wie auch Gott nach der Erschaffung der Welt geruht hat.* Hebräer 4,10 (NLB)

Fragen zum Weiterdenken

- Wie sehen im Alltag mit deinem Kind deine Pausen aus?
- Gibt es bei dir diesen festen Ruhetag in der Woche, an dem du den Haushalt wirklich stehen und liegen lässt?

Aktivität mit deinem Kind

- Mache die *Puh-Übung* mit deinem Kind nach einer anstrengenden Aktivität: „Das war anstrengend, wir beide machen jetzt mal unser „Puh". Anschließend sagt ihr ein langes „Puuuuuh", vielleicht auch zwei- bis dreimal hintereinander. Dabei atmet ihr automatisch einfach tief ein und aus und habt im besten Falle auch noch Spaß daran.

Gegenwille

Dieser Begriff begegnete mir in einer Folge des Podcasts „inBindung“[24] und gab dem, was ich bereits selbst beobachtet hatte, endlich einen Namen. Er beschreibt, was in uns und unseren Kindern ausgelöst wird, wenn wir unter Druck geraten.

In der Kleinkindphase ist der Gegenwille wichtig und hilft dem Kind seine eigene Persönlichkeit zu entwickeln. Uns Mütter fordert das allerdings oft sehr stark heraus. Du sagst deinem Kind etwas und es sträubt sich mit Hand und Fuß und ohrenbetäubendem Geschrei dagegen. Oft löst das wiederum bei uns selbst negative Gefühle aus und wir landen in einem Machtkampf mit unserem Kind – sozusagen in der Beziehungssackgasse.

Der Gegenwille ist aber etwas, das unsere Kinder brauchen. Er hilft ihnen nämlich auch dann, wenn sie von fremden Menschen Anweisungen bekommen. Wenn sie ein starkes „Nein“ sagen können, dann schützt das unsere Kinder und daher sollten wir den Gegenwillen aus dieser Perspektive tatsächlich in unserem Familienleben willkommen heißen.

Jeff VanVonderen beschrieb in seinem Buch „Wenn Gnade das Familienleben prägt“[25], dass er bewusst Situationen schuf, um seinem Kind immer wieder die Erfahrung zu ermöglichen, dass dessen „Nein“ respektiert wird. So fragte er zum Beispiel: „Darf ich dein Schokoeis aufessen?“ Darauf antwortete das Kind (wie zu erwarten) mit Nein und er akzeptierte es.

Tatsächlich wird uns bereits in der Bibel der Gegenwille beschrieben. Paulus sagt dazu, dass ein Verbot die Sünde reizt, was nichts anderes bedeutet, als dass der innere Gegenwille aktiviert wird. Je stärker mir etwas untersagt wird oder etwas von mir gefordert wird, desto mehr beginne ich, mich dagegen aufzulehnen. Hierzu passt besonders der Vers in Römer 7,5 (Hfa): „Durch das Gesetz wurde die Sünde in uns erst geweckt, (...).“

Das Gesetz im alten Bund brachte die Sünde im Menschen nur noch mehr zum Vorschein. Deshalb schuf Gott durch Jesus, der an unserer Stelle alle Gebote erfüllte, die Möglichkeit, mit ihm wieder in eine innige Beziehung zu treten, weil auch er weiß: Eine sichere Bindungsbeziehung schwächt den Gegenwillen ab.

> *Wir lieben, weil er uns zuerst geliebt hat.*
> 1. Johannes 4,19 (ELB)

Fragen zum Weiterdenken

- Wie gehst du mit dem Gegenwillen deines Kindes um? Spürst du Frust in dir oder kannst du meistens ruhig bleiben?
- Wo findest du das Prinzip „Druck erzeugt Gegendruck“ in deinem Leben, in deinen Beziehungen wieder?

Aktivitäten mit deinem Kind

- Das Gegenteil-Spiel: Erkläre deinem Kind, dass du ein lustiges Spiel spielen willst. Du bist zum Beispiel ein Clown und dein Kind soll nie das machen, was der Clown sagt. Du sagst: „Nicht hinsetzen, bitte, bloß nicht hinsetzen.“ Wenn es sich dennoch hinsetzt, spielst du mit und rufst mit gespielter Verzweiflung:

„Oh nein, nein!“ Wenn dein Kind anfängt zu lachen, lachst du natürlich mit und dann fangt ihr wieder neu an.

- Lass dein Baby mit seinen Füßen gegen deine Handflächen strampeln, du kannst seine Füßchen auch sanft umfassen, sie leicht in Richtung Babybauch drücken und dabei spielerisch so tun, als ob das sehr schwer sei. Oder du hältst beide Handflächen an die Fußsohlen deines Kindes, drückst aber nur ein Füßchen sanft, sodass dein Kind abwechselnd seine Beine bewegt, es wird dazu angeregt einen Gegendruck aufzubauen.

Das Spiel

Oft wird gesagt: Spielen ist die Arbeit des Kindes. Kinder entwickeln sich und lernen, während sie spielen, und es ist wunderschön, sein Kind dabei zu beobachten, wie es zufrieden, fröhlich und völlig selbstvergessen spielt. Es krabbelt einem Ball hinterher, stapelt seine ersten Türmchen mit Butterbrotstücken oder backt Sandkuchen mit Blätterstreuseln drauf.

Wir staunen immer wieder darüber, wie unsere Kleinen zu forschen und auszuprobieren beginnen, und dabei kommen sie auf die lustigsten Ideen und zweckentfremden herzlich gerne unterschiedliche Gegenstände. Das Erkunden und Spielen kann frei geschehen, wenn unser Kind sich sicher fühlt und der Bindungstank voll ist.

Häufig bleiben Kinder zunächst auf dem Arm ihrer Mutter, bevor sie einen neuen Raum und Spielsachen erkunden, oder sie kommen immer wieder zu ihr zurück, um ihr etwas zu zeigen. Befindet sich das Gehirn jedoch in einem innerlichen Alarmzustand, weil die Bindungsperson fehlt, ist es einem Kind nicht möglich, in den Spielmodus zu schalten. Geben wir aber unserem Kind die Sicherheit, die es braucht, ohne es zu drängen, wird es schließlich aus eigenem Antrieb auf Erkundungstour gehen.

Spiel ist für mich die Sprache unserer Kinder. In dem, was sie spielen, drücken sie sich aus, und durch das Spiel können wir in nahezu jeder Situation einen Zugang zu ihnen bekommen. Wir können auf spielerische Weise das Zähneputzen gestalten, Wartezeiten überbrücken und auch herausfordernde

Alltagssituationen mit unserem Kind lösen. Indem wir uns auf die Spielebene unseres Kindes einlassen und mit ihm herumalbern oder in verschiedene Rollen schlüpfen, stärken wir die Verbundenheit miteinander.

Auch wir Erwachsenen brauchen das Spielen – nicht nur, um mit unseren Kindern verbunden zu sein, sondern ebenso, um mit uns selbst und Gott verbunden zu sein. Gott hat diese Neugier, Entdeckerfreude und schöpferische Gestaltungsenergie in jeden von uns hineingelegt. Es war sein Wunsch, dass der Mensch – wie er selbst – Dinge erschafft und seine Kreativität auslebt.

Wir komponieren Sinfonien, malen tiefgründige Bilder, erfinden Maschinen, die uns den Alltag erleichtern, kreieren wunderschöne Torten, gestalten Flyer oder dekorieren unser Zuhause – all das kann Spiel für uns sein, all das kann für uns eine völlig selbstvergessene, schöpferische Handlung sein, die frei und entspannt aus uns selbst heraus entspringt. Gott liebt es also, auch seine Kinder spielen und „im Flow" gestalten zu sehen.

In Sacharja 8,5 (NLB) beschreibt Gott, wie er sich die Zukunft Israels wünscht: „Und die Plätze der Stadt sollen voll sein von Jungen und Mädchen, die dort spielen." So wichtig ist ihm dieses kindliche Spielen, dass er es als ein Zeichen dafür nennt, dass ein Volk glücklich und gesegnet ist. Die Kinder können offen auf den Plätzen der Stadt spielen, weil das Volk Sicherheit in der Bindung mit Gott gefunden hat und unter seinem Schutz in Frieden leben kann. Gott schafft die Voraussetzung für freies Spielen: physische und emotionale Sicherheit.

Fragen zum Weiterdenken

- Kannst du in den Spielmodus verfallen oder fällt es dir schwer? Bei welcher Aktivität bist du schnell im Flow?
- Schließe die Augen: Kannst du dir Gott als einen Vater vorstellen, der sich am Spiel seiner Kinder erfreut und mit ihnen mitspielt?

Aktivität mit deinem Kind

- Probiere einen sogenannten Schoßreiter mit deinem Kind aus. Die Verse dazu lauten so: „Schotterwagen, Schotterwagen, wir fahren mit dem Schotterwagen. Erst die kleinen feinen Steine, dann die großen, die so stoßen. (Baby auf Schoß und die Beine auf und ab bewegen, erst wenig, dann stärker.) Linke Kurve, rechte Kurve (Mit Baby nach links und nach rechts lehnen). Und dann kommt ein Loch (Beine auseinander und Baby ins entstandene Loch plumpsen lassen). Denn die Straße hat 'nen Schaden und zum Schluss wird abgeladen.“ (Baby nach hinten lehnen oder zwischen deinen Beinen sanft „abladen“.)

Ich sehe was, was du nicht siehst

Für lange Autofahrten oder bei Langeweile im Wartezimmer ist „ich sehe was, was du nicht siehst“ ein tolles Spiel. Schon bevor wir es so richtig bewusst mit unseren Kindern spielen können, spielt es sich im Alltag eigentlich bereits ständig ab: Wenn unsere Kleinen in Richtung Straße rennen, dann müssen wir einschreiten und sie stoppen – völlig klar für uns, allerdings absolut unverständlich für den Einjährigen, der auf der anderen Seite den Hund sah und ihn streicheln wollte. Frustriert jammert er nun, dass Mama ihn einfach festhält und ihn bei seinem Vorhaben unterbricht.

Wir sehen etwas, das unsere Kleinen noch nicht sehen – in diesem Fall die Gefahr. Um sicherer durchs Leben zu kommen, ist es gut, jemanden an der Seite zu haben, der einen größeren Weitblick hat, vorausschauen kann und mehr Erfahrung besitzt. Das ist der beste Schutz, den wir uns vorstellen können.

Genauso geht es uns als Kindern Gottes mit unserem Vater im Himmel, doch ebenso wie unsere Kleinen, sind auch wir oft erst einmal frustriert, wenn unsere Pläne unterbrochen werden, wir an Grenzen stoßen, wir sein scheinbares Eingreifen einfach nicht verstehen.

In meinem Leben gab es mindestens eine Situation, in der ich sogar regelrecht wütend war, weil Gott in meinen Augen *einfach nichts tat.* Dabei können wir uns sicher sein, dass Gott immer dabei ist, etwas Gutes für uns zu tun, wir können absolut davon ausgehen, dass er uns schützen will, wenn er unseren Weg umlenkt.

Es kann passieren, dass er uns sanft ausbremst, wenn wir in totalen Aktivismus verfallen, dass er uns ein Stoppschild in den Weg stellt, wenn wir eine Richtung einschlagen wollen, an deren Ende nichts Gutes auf uns wartet, aber in allem ist er in seiner Liebe zu uns treu.

Auch wenn deine Gebete scheinbar nicht das ergeben, was du dir wünschst – Gott sieht möglicherweise in dem Moment etwas, das du (noch) nicht siehst. Oft frage ich deshalb auch einfach ganz direkt: „Heiliger Geist, wie soll ich für diese Situation beten? Bitte hilf du mir und bete du durch mich.“ Denn auch Jesus wies seine Jünger an, sich im Gebet auf den Heiligen Geist zu verlassen (siehe Lukas 11).

> ***Ebenso aber nimmt auch der Geist sich unserer Schwachheit an; denn wir wissen nicht, was wir bitten sollen, wie es sich gebührt, aber der Geist selbst verwendet sich für uns in unaussprechlichen Seufzern.***
> Römer 8,26 (ELB)

Fragen zum Weiterdenken

- Wann „kollidierte“ zuletzt deine Perspektive mit der deines Kindes?
- Hast du auch schon mal mit Gott gehadert?

Aktivitäten mit deinem Kind

- Spiel mit deinem zweijährigen Kind doch mal sein erstes „Ich sehe was, was du nicht siehst" oder lass es alle gelben Gegenstände im Raum zusammensammeln, die es finden kann.
- Spiele mit deinem Baby oder Kind das einfache Spiel „Guck, guck". Halte dir dabei kurz die Hände vor dein Gesicht, frage: „Wo ist die Mama?", nimm dann deine Hände weg und sage: „Da ist sie ja."

New day, new grace

Nach einer Woche, in der ich mir selbst mehr Termine aufgeladen hatte, als gut für mich war, und – wie das dann oft so ist – zusätzlich meine Tochter mit dem Zahnen kämpfte, bekam ich obendrein noch eine Erkältung. Die Zeit, die ich normalerweise abends habe, um meine Akkus etwas aufzuladen, war plötzlich verschwindend gering, weil ich alle paar Minuten wieder zu der Kleinen musste.

Irgendwann war ich so gestresst, dass ich immer ungeduldiger und liebloser mit meinen Kindern umging. Schließlich brüllte ich den Großen während einer Autofahrt an. Abends konnte ich dann nicht mehr und weinte wegen meines Verhaltens, das so ganz anders gewesen war, als ich mir eigentlich vorgenommen hatte.

Vielleicht geht es dir auch hin und wieder so, dass du anders mit deinem Kind umgehst, als du es eigentlich als richtig empfindest, dann verstehst du diesen Bibelvers: „Denn das Gute, das ich will, übe ich nicht aus, sondern das Böse, das ich nicht will, das tue ich" (Römer 7,19; ELB).

An anderen Tagen wiederum erlebe ich das Gleiche bei meinem Kind. Dann muss ich gefühlt ständig dieselbe Ermahnung aussprechen und immer wieder tut es doch das, was es eigentlich nicht tun soll.

Wie geht Gott mit unseren Schwachheiten und Fehltritten um? Jesus erklärt uns, dass all unsere Verfehlungen auf eine Erkrankung unseres Herzens zurückzuführen sind, und dass Gott, wie wir Mamas unsere Kinder liebevoll umsorgen, wenn sie Krankheitssymptome zeigen, dies ebenso als unser liebender Papa mit uns tut. Er will uns gerade dann, wenn wir schwach sind, nahekommen, um uns zu heilen und uns mit seiner Liebe zu füllen.

Ich bin so froh, dass er meine negativen Gedanken über mich selbst nicht noch bestätigt und mich hart zurechtweist, sondern dass er mir vergibt und meiner Seele seinen Frieden schenkt. Seine Gnade ist jeden Morgen neu, heißt es in der Bibel (Klagelieder 3,23).

Der Knoten platzte bei mir, als ich verstand: Wenn es mir schwerfällt, mir selbst zu vergeben, bedeutet dies, dass Stolz in meinem Herzen ist. In solchen Situationen mache ich mir bewusst, dass ich mir selbst vergeben und barmherzig mit meiner Schwachheit sein muss, weil Gott es auch ist. Nach so einem „schlechte-Mutter-Tag" darf ich alle verurteilenden Gedanken bei Gott abladen. Das ermöglicht mir für den nächsten Tag einen echten Neustart: new day, new grace Und auch mit den Schwachheiten meines Kindes kann ich immer wieder gnädig sein und mir vornehmen, ihm sein Fehlverhalten von gestern nicht mehr vorzuhalten. Liebe allein hat die Kraft uns zu verändern:

> *„Weißt du nicht, dass Gottes Güte dich zur Umkehr treibt?"* Römer 2,4 (EÜ)

Fragen zum Weiterdenken

- Wie gehst du mit negativen Gedanken über dich selbst um? Was hilft dir?
- Fällt es dir schwer, Gottes Gnade anzunehmen? Dir selbst zu vergeben?

Aktivitäten mit deinem Kind

- Gibt es ein Spielzeug, das ihr gemeinsam reparieren oder aus dem ihr etwas Neues bauen könntet?
- Was könntet ihr aus Haushaltsmüll vielleicht noch basteln? Ein Fernglas aus Klopapierrollen, eine Trommel aus einer Blechdose?

Gesehen werden

„Mami, Mami, tuck mal!", oder die Vorstufe wie vielleicht ein eindringliches, wiederholtes „Mh" oder „Mah", und das fünfmal hintereinander, bis Mama reagiert und gefühlte zwanzigmal über den Tag verteilt – kennst du das?

Unsere Kinder fordern uns immer wieder auf, hinzuschauen: Die Sandburg zu bestaunen oder gemeinsam eine spannende Baustelle zu beobachten. Sie wollen gesehen werden und die Enttäuschung ist groß, wenn wir zu langsam waren und den Schmetterling oder die Vorführung einer neuen Fähigkeit der Kleinen verpasst haben.

Es gibt die guten Momente, in denen ich ganz aufmerksam sein und aufrichtig mitstaunen kann. Aber manchmal kommt vielleicht nur ein halbherziges „ja, schön" oder „oh, super Schatz" über meine Lippen, nachdem ich für nur etwa eine Sekunde in seine Richtung geschaut habe in der Hoffnung, dass mein Kind damit zufrieden ist.

Aber es geht meist um mehr als nur oberflächliche Bestätigung. Es geht um das Teilen eines wichtigen Moments, um das Teilen einer gemeinsamen Emotion. Unser Kind lädt uns mit seinen Aufforderungen ein, Verbundenheit herzustellen und in Beziehung zu sein.

Ganz am Anfang des Alten Testaments (1. Mose 16) lesen wir die Geschichte der ägyptischen Magd Hagar. Obwohl sie vermutlich keine Beziehung zu Gott hatte, begegnet er ihr persönlich in ihrer Not und Verzweiflung und ermutigt sie. Sie nennt ihn *den Gott, der mich sieht*. Hagar kannte aus ihrer ägyptischen Kultur nur *tote Götter*, die nicht sehen oder hören und schon gar nicht antworten. Deshalb muss dieser Moment für sie so eindrücklich gewesen sein.

Hier begegnet sie dem *einen* Gott, dem lebendigen Gott, wie sie ihn nennt. Gott sieht seine Kinder, er sieht auch dich, weil du ihm sehr wichtig bist. Er schaut dich mit einem liebevollen zugewandten Blick an.

Dieser Blick ermutigte Hagar, sich ihrer aktuellen Situation zu stellen und nicht weiter davor wegzulaufen. Sein Blick und seine Worte verliehen ihr Kraft und neuen Mut.

Vielleicht weißt du irgendwie, dass Gott dich sieht, aber du fühlst es nicht. Es mag sein, dass du manchmal eher Gedanken hast wie: *Keiner sieht mich, niemand sieht, was ich den ganzen Tag als Mama tue, niemand schaut mir mal richtig in die Augen und sieht, wie es mir wirklich geht.*

Oder du fragst: „Gott, wo bist du?"

Ich möchte dich ermutigen, dein Bedürfnis danach, auch selbst als Person gesehen zu werden, anzunehmen und die Erfüllung dieses Bedürfnisses nicht bei Menschen zu suchen, sondern bei Gott. Bitte ihn, dir zu begegnen und dir zu zeigen, dass er dich sieht. Sei dabei ruhig so beharrlich, wie dein Kind es ist, wenn es von dir gesehen werden will. Wenn du dich ihm aber zu fern fühlst, um zu beten, dann vertraue dich einer glaubenden Person an und bitte diese um Gebet für dich. Ich bin davon überzeugt, dass er jedem Menschen begegnen und nah sein will.

Fragen zum Weiterdenken

- Was löst es in unseren Kindern aus, wenn sie sich von uns wirklich gesehen fühlen?
- Wie kann ich meinem Kind in einem für mich grade nicht passenden Moment trotzdem aufmerksam begegnen?

Aktivitäten mit deinem Kind

- Wenn es ums Sehen geht, lieben Babys die Farbe Rot und starke Kontraste wie schwarz und weiß. Vielleicht kannst du etwas Rotes in sein Sichtfeld bringen.
- Lass dein Kleinkind Farben sortieren oder Wasserfarben mischen.

Mütter wie Maria – Weihnachtsspecial

Als ich meinem Sohn einmal die Weihnachtsgeschichte vorlas, kam ich über Maria ganz neu ins Staunen. Für mich ist es sehr heilsam, dass eine so unerfahrene junge Frau aus einfachen Verhältnissen auserwählt wurde, Gottes Sohn eine Mutter zu sein. Was für eine Aufgabe!

Vielleicht kennst du Gedanken der Überforderung und Sorge? Schon in der Schwangerschaft kam womöglich diese leise Frage in dein Herz: „Kann ich das überhaupt? Kann ich eine gute Mutter sein?"

Und dann in den ersten Wochen mit deinem Baby: „Mache ich das richtig? Trinkt es genug? Wie soll ich auch nur eine weitere Nacht mit stundenlangen Wachphasen schaffen?"

Dann zeigt sich das Temperament deines Kindes und ist vielleicht so ganz anders als dein eigener Charakter, und du fragst dich: „Bin ich wirklich die Richtige für diese Aufgabe?!"

Dazu kommt in unserer Gesellschaft, dass uns überall diese hohen Erwartungen begegnen. Wir sollen vermeintlich in den Bereichen Ernährung, Kleidung, Bildung und Förderung, Kinderzimmereinrichtung, Spielzeugauswahl und Erziehung perfekt sein. Instagrambilder und Pins von Pinterest sind manchmal inspirierend, aber oft merke ich, wie ich zu vergleichen und zu fragen beginne, brauche ich das nicht auch? Müsste ich darauf nicht ebenfalls mehr achten oder dieses oder jenes mehr tun?

Und dann lese ich diese Weihnachtsgeschichte: kein Geburtsvorbereitungskurs, keine Kreißsaalbesichtigung, kein fertig eingerichtetes Babyzimmer, keine Kleidung und kein Geld für besondere Ernährungsweisen. Maria war bei der Geburt ihres Sohnes mitten im Stall menschlich gesehen absolut allein mit allem, und doch hätte sie nicht mehr getragen sein können. Sie war unvorbereitet, und dennoch besaß sie das Einzige, was wirklich zählt – Gottvertrauen. Alles, was es brauchte, war ihr Ja: „Ja, mir geschehe nach deinem Wort". Ja zu diesem Kind. Ja zum Mamasein.

Auch von dir und mir wird nicht mehr verlangt als dieses Ja. Dein Kind braucht nur dein vollkommenes Ja zu ihm und zu dir selbst. Ein Ja zu deiner womöglich schwierigen Situation und zu Gott.

Versteh mich bitte nicht falsch. Es ist vollkommen okay, Freude daran zu haben, hübsche Kleidung auszusuchen oder auf ausgewogene Ernährung zu achten, aber manchmal ist auch ein Befreiungsschlag von so manchen Bildern und Idealen notwendig. Und bei allen Unsicherheiten darüber, ob das, was wir unserem Kind geben, gut genug ist, sollten wir uns daran erinnern: Mütter wie Maria geben einfach nur ihr Ja zu Gottes Plan und seiner ausgestreckten Hand. Sie vertrauen ihm, dass er für alles sorgen wird, was nötig ist.

Fragen zum Weiterdenken

- Wozu musst du gerade ein Ja finden?
- Kennst du den Druck, den die perfekten Fotos anderer Kinderzimmer auslösen können oder kannst du dich gut davon abgrenzen?

Aktivitäten mit deinem Kind

- Malt eine Schneelandschaft mit Spielschaum (oder Rasierschaum) an ein Fenster, oder auf eine dunkle Pappe.
- Spiel die Weihnachtsgeschichte mit kleinen Figuren für dein Kind nach.
- Musiziert mit Glöckchen zu „Kling Glöckchen klingelingeling“.

Natürliche Reifeprozesse brauchen Zeit

„Unsere wertvollste Zutat ist Zeit." Als ich diesen Satz an einem Morgen auf der nach frisch gebackenen Brötchen duftenden Papiertüte unseres Bäckers las, fühlte ich mich daran erinnert, dass das nicht nur für Brötchen gilt.

Die Zeit, die wir unseren Kindern ungeteilt schenken, ist eine der wichtigsten *Zutaten* für ihr Leben und für unsere Beziehung zu ihnen. Und gleichzeitig ist Zeit auch das, was wir unseren Kindern und ihren natürlichen Reifeprozessen zugestehen müssen. Wann wird er krabbeln, wann wird er endlich laufen, wann wird sie durchschlafen, wann wird sie das erste Mal Papa sagen? Wann wird er es schaffen, seine Impulse zu kontrollieren? Wann werden sie endlich miteinander spielen können, ohne dieses Geschrei „Meins, meins, meins"? Wann ist sie endlich trocken? Manchmal sind wir voller Ungeduld und sehnen den nächsten Entwicklungsschritt herbei.

Werfen wir noch mal kurz einen Blick in die Backstube: Wenn der Teig im richtigen Zustand ist, brauchen unsere Brötchen nur noch die passende Umgebungstemperatur und Zeit. In warmer Umgebung geht die Hefe auf und unsere Brötchen bekommen ihre erhoffte knusprig-goldige Form – ganz ohne Druck. Ist es mit unseren Kindern nicht ganz ähnlich?

Es ist alles in ihnen angelegt, Gott hat die für ihr Leben notwendigen Dinge in sie hineingelegt. Was sie jetzt noch brauchen, ist eine liebevoll warme Umgebung und Zeit, um sich zu entwickeln. Wir könnten auch sagen: „Brötchen gehen bei Wärme auf, Kinder reifen durch Liebe."

Wenn wir als Mamas uns in der richtigen Umgebungstemperatur befinden – in Gottes liebender Gegenwart –, dann ist Zeit auch hinsichtlich unseres Wachstums als *Tochter Gottes*, der Faktor, den wir zum Heranreifen brauchen.

Jesus sagt: „Wer in mir bleibt, (...) der bringt viel Frucht" (Johannes 15,5, ELB). Wer in inniger Verbundenheit mit ihm lebt, reift heran – ganz automatisch. Wir können darauf vertrauen und müssen uns nicht selbst unter Druck setzen.

Wenn wir Gottes Geist erlauben, in uns zu wohnen und zu wirken, werden wir verändert. Die wichtigste Zutat ist unsere Beziehung zu Jesus und die notwendige Zutat ist, Zeit mit ihm zu verbringen.

Die österreichische Missionarin Maria Prean hat einmal gesagt: „In der Schule des Heiligen Geistes gibt es zwei Geschwindigkeitsstufen: Langsam und sehr langsam." Klingt ein wenig nach, *gut Ding will Weile haben*, nicht wahr?

Ich denke, wir machen bildlich gesprochen viel zu oft den Backofen auf. Wir entfernen uns zu häufig aus Gottes wärmender Umarmung, verlieren uns im Gewusel des Lebens bis wir frieren und plötzlich merken, dass wir für eine viel wärmere Umgebung bestimmt sind und ohne diese nicht lange überlebensfähig sein können. Bleib also *„im Ofen"*, in Gottes Gegenwart, und schau, was geschieht. Lass dir ein erneuertes Herz schenken. Das spreche ich dir und mir ermutigend zu.

Fragen zum Weiterdenken

- Welchem Entwicklungsschritt deines Kindes fieberst du gerade entgegen?
- Fällt es dir schwer, *im Ofen zu bleiben*? Woran könnte das liegen?

Aktivität mit deinem Kind

- Mischt gemeinsam Zutaten für einen Salzteig, mit dem ihr basteln könnt, oder backt gemeinsam Brot oder einen Kuchen.

Trennungen

In den ersten Wochen ist es gut, wenn Mütter und ihre Säuglinge möglichst keine längere Trennungserfahrung erleben, damit beide eine gute Bindung zueinander aufbauen können. Allgemein braucht Bindung immer gemeinsam verbrachte Zeit, das bleibt auch so, wenn unser Baby ein Kleinkind wird. Man sagt, dass die ersten drei Lebensjahre für das Bindungsverhalten unserer Kinder prägend sind.

Wann Mutter und Kind bereit sind, erste längere Trennungen zu erleben, ist unterschiedlich und hängt von den verschiedenen Persönlichkeiten ab. Die ersten Male, in denen wir unser Kind bewusst in andere Hände geben, können voller Anspannung, aber auch voller Entspannung sein. Wenn wir ein großes Vertrauen in die andere Person und unser Kind haben, kann es wunderbar sein, endlich einmal etwas in Ruhe erledigen zu können oder sich wieder beruflichen Herausforderungen zu widmen.

Für unser Kind ist die erste räumliche Trennung aber nicht die erste Trennungserfahrung an sich, denn für unser Baby besteht eine Trennungserfahrung bereits dann, wenn wir aus seinem Sichtfeld verschwinden. Erst ab einem gewissen Alter versteht unser Baby, dass Menschen und Gegenstände weiter existieren, auch wenn es sie nicht mehr sieht. Experten raten deshalb dazu, sich immer bei seinem Kind zu verabschieden und den Raum nicht einfach zu verlassen, wenn es scheinbar abgelenkt ist, um das Vertrauen des Kindes nicht zu enttäuschen.

Und schließlich treibt uns Mütter auch immer wieder die Frage um, ab welchem Alter wir unser Kind in die Fremdbetreuung geben können. Es kann sein, dass wir aufgrund von finanziellen Umständen keine andere Wahl haben, als recht schnell wieder arbeiten zu gehen, aber grundsätzlich sind die ersten drei Lebensjahre die prägendste Zeit für unsere Kinder und wir sollten daher gut durchdacht diese Entscheidung treffen.

Jesu Jünger waren ebenfalls gute drei Jahre mit ihm zusammen, bevor er sie ohne seine körperliche Anwesenheit in die Welt sandte. Geistlich gesehen ist es aber so, dass seit Pfingsten diese Trennung nicht mehr besteht, weil Gott durch den Heiligen Geist mit uns in eine Verbindung tritt, die durch nichts mehr getrennt werden kann.

Und wie schön ist es, dass uns das Neue Testament dies auch so in Römer 8,39 (Hfa) beschreibt: „... weder Hohes noch Tiefes oder sonst irgendetwas auf der Welt können uns von der Liebe Gottes trennen, die er uns in Jesus Christus, unserem Herrn, schenkt."

Dennoch gibt es Zeiten, in denen wir uns möglicherweise von ihm getrennt fühlen, aber in unserem Herzen wissen wir, dass diese Verbindung stets existiert. Gott ist da, ob ich ihn sehe oder nicht, ob ich ihn spüre oder nicht. Und ebenso, wie unsere Kinder erst nach und nach lernen, dass eine Person weiter existiert, auch wenn sie sie gerade nicht sehen – ebenso lernen wir Töchter Gottes, dass es ihn und die geistliche Welt wirklich gibt, auch wenn wir sie nicht sehen.

Ich denke, Trennungsangst ist wohl die ursprünglichste Angst des Menschen. Wir fürchten uns vor dem Tod, weil wir uns vor Trennung fürchten, Trennung von all den Menschen, die wir lieben, und Trennung von Gott, von der nie versiegenden Quelle der Liebe und des Lebens. Doch durch Jesus ist diese Angst von uns genommen. Wir wissen, dass wir für immer vereint sein werden mit Gott und mit vielen anderen Menschen, die an ihn glauben.

> *Denn so hat Gott die Welt geliebt, dass er seinen einzigen Sohn gab, damit jeder, der an ihn glaubt, nicht verloren geht, sondern ewiges Leben hat.* Johannes 3,16 (ELB)

Fragen zum Weiterdenken

- Wie geht es dir mit dem Gedanken, dein Kind in andere Hände zu geben? Wie waren eure ersten Trennungen?
- Welche Gedanken oder Fragen löst das eben Gelesene in dir aus? Ist dir diese geistliche, übernatürliche Welt bewusst?

Aktivität mit deinem Kind

- Trennung von Materiellem: Babys lieben es, Papier zu zerreißen, oder lass dein Kleinkind mit der Schere etwas zerschneiden.

Erinnerungen

Die Zeit rennt. Fühlt sich das für dich auch oft so an? Tatsächlich stimmt das, was mir die älteren Herrschaften oft sagten, wenn sie mich mit meinem Baby oder Kleinkind beim Spaziergang antrafen: „Hach, die werden so schnell groß!"

Ich gebe zu, dass ich das im ersten Lebensjahr von meinem Sohn noch nicht ganz so wahrgenommen habe. Die ersten Monate waren derart herausfordernd, wunderschön, neu, kräftezehrend und bittersüß, dass ich die Zeit sehr intensiv erlebt habe. Dazu kam der Schlafmangel, der die Zeit gefühlt noch mehr in die Länge zog. Doch dann schwupsdiwups sind plötzlich zwei Jahre um.

Eine gute Möglichkeit, sich später an diese Zeit erinnern zu können, ist das Sammeln von Fotos, Videos und Notizen von gemeinsamen oder besonders lustigen Erlebnissen. Zwei Mütter aus meiner Gemeinde haben mich damals dazu inspiriert, in einem Buch sogenannte Meilensteine festzuhalten: wann das Baby sich zum ersten Mal drehte, der erste Zahn kam, welches die ersten Worte waren und vieles mehr. Es ist einfach schön, wenn man seinem Kind später solche Details erzählen kann.

Erinnerungen helfen uns, unsere Identität zu ergründen und auch unsere Beziehungen zu stärken. Wenn wir uns in einigen Jahren mit den Kindern auf die Couch setzen und Familienfotos anschauen, dann verbinden uns diese erneut wachgerufenen Momente tief miteinander.

Auch Gott als unser Vater weiß, wie wichtig es ist, Erinnerungen für seine Kinder zu schaffen und dass das Erinnern die Beziehung zu ihm stärkt. Klingt vielleicht erst einmal seltsam, aber es gibt unzählige Beispiele dafür in der Bibel. So sollte das Volk Israel Steine aus dem Jordan mitnehmen und aufeinander schichten, um sich an das Wunder zu erinnern, dass Gott sie trockenen Fußes durch den Fluss geführt hatte, indem er das Wasser übernatürlich aufhielt.

Häufig bauten Menschen der Bibel an Orten, an denen sie Gott begegnet waren, Altäre oder Denkmäler zur Erinnerung an bestimmte Ereignisse, oder es wurden Feste eingesetzt, die jährlich an diese erinnerten. Dazu zählt das Passahfest, an dem bis heute die Befreiung aus der Sklaverei der Ägypter gefeiert wird. Und nicht zuletzt ist das Kreuz zum Symbol für uns geworden und erinnert an die tiefe Liebe und Gnade unseres himmlischen Vaters.

Mir tut es gut, mich immer wieder bewusst an intensive Begegnungen mit Gott, die ich während meines Lebens hatte, zu erinnern. Aus diesem Grund schreibe ich mir Erlebnisse mit ihm in mein Gebetstagebuch. Es hilft mir, an meinem Glauben festzuhalten und selbst dann noch zu hoffen, wenn die Umstände aussichtslos scheinen. Denn ich weiß, was er einmal getan hat, das kann er auch wieder tun. Er bleibt derselbe.

> *Ich will den Herrn loben und nie vergessen, wie viel Gutes er mir getan hat.* Psalm 103,2 (Hfa)

Fragen zum Weiterdenken

- Wie hältst du Erinnerungen für dich und dein Kind fest?
- Welches Wunder hat Gott für dich getan? Welches Erlebnis hattest du mit Gott, an das du dich gern erinnerst?

Aktivität mit deinem Kind

- Gestalte eine Erinnerungscollage mit Fotos und schau sie dir gemeinsam mit deinem Kind an oder erzähl deinem Kind aus deiner eigenen Kindheit.

Identität

Vielleicht steht dein Kind nun kurz vor seinem nächsten großen Meilenstein – dem Start in einem Kindergarten oder einer Kita. Mit etwa 18 Monaten konnte sich dein Kind im Spiegel selbst erkennen und mittlerweile weiß es ganz genau, dass es ein eigenständiges Wesen ist. Die nun bald regelmäßig und über längere Zeit stattfindende Trennung von dir wird dein Kind unbewusst noch deutlicher mit der Frage konfrontieren: „Wer bin ich?" Dies ist ein großer Schritt in die eigene Identität.

Wie können wir unsere Kinder bei dieser Selbstfindung unterstützen und darauf vorbereiten, ihren Weg zu gehen? Vielleicht hast du schon einmal von sogenannten *Affirmationen* gehört: Kurze prägnante Glaubenssätze, die wir unseren Kindern ermutigend immer wieder zusprechen können, um ihnen zu helfen ein positives Selbstbild aufzubauen. Beispielsweise können das Sätze sein wie: „Du bist gut, so wie du bist", oder „Du bist gewollt und geliebt".

Tatsächlich tat Gott als Vater auch genau dies, bevor Jesus öffentlich auftrat, um seine Aufgabe auf dieser Welt zu erfüllen, also, bevor er sich durch seine Wundertaten und Worte als Gottes Sohn offenbarte. Als Jesus sich taufen ließ, reagierte sein himmlischer Vater auf folgende Weise: Als Johannes wieder einmal viele Menschen taufte, ließ sich auch Jesus taufen. Als er betete, öffnete sich der Himmel, und der Heilige Geist kam in Gestalt einer Taube auf ihn herab. Und eine Stimme vom Himmel sprach: „Du bist mein geliebter Sohn, an dir habe ich große Freude“ (Lukas 3,21-22; NLB).

Gott selbst spricht seinen Kindern also Identität zu und beantwortet ihre drängende Frage nach dem „Wer bin ich?“. Auch wir als Eltern sollten unserem Kind immer wieder zusprechen: „Du bist mein geliebtes Kind und ich freue mich riesig über dich!“

Besonders bedeutsam finde ich, dass Gott diese Wahrheit in Jesu Leben spricht, bevor dieser etwas geleistet hat. Er musste sich diese Identität also nicht erarbeiten, sondern er handelte aus dieser Identität heraus.

Der Vater stellt sich zu seinem Sohn – darin liegt eine Kraft. Nicht, was ich tue, bestimmt, wer ich bin, sondern: Wer ich bin, das, was ich wirklich über mich glaube, wird in dem sichtbar, was ich tue. Wenn du Jesus angenommen hast, spricht Gott auch zu dir: „Du bist meine geliebte Tochter, an der ich Wohlgefallen habe!“

Jesus war der Erstgeborene unter vielen Brüdern und Schwestern. Wir als seine Schwestern können nun den gleichen Zuspruch Gottes empfangen. Gott sieht dich durch Jesus schon jetzt in deiner Vollkommenheit. Du musst also nicht erst etwas leisten, besser werden oder etwas für Gott vollbringen, um seine Annahme zu verdienen, um sein ganzer Stolz zu sein.

Fragen zum Weiterdenken

- Schau in dein Herz: Was sind deine Glaubenssätze über dich selbst?
- Suche in der Bibel nach Aussagen über deine neue Identität als Tochter Gottes.

Aktivität mit deinem Kind

- Stelle eine Box mit biblischen Wahrheiten wie: „Ich bin geliebt“, „Gott freut sich über mich“ für dich und dein Kind zusammen. Vielleicht könnt ihr jeden Morgen oder jeden Abend eine Karte ziehen und sie lesen?

Kita-Start

Wenn unsere Mäuse in den Kindergarten kommen, beginnt etwas ganz Neues für dich als Mama und für dein Kind und zwar mit allen Gefühlen, die dazugehören: Spannung, Aufregung, Freude aber auch Unsicherheit, vielleicht sogar etwas Angst und Trennungsschmerz. Sei in der ersten Zeit geduldig mit dir und deinem Kind, alle diese Gefühle haben ihre Berechtigung.

Ich bin dankbar, dass ich als Mama nicht nur loslassen muss, sondern mich stattdessen auf das „Gott lassen" stützen kann. „Lola Gola" ist das Motto einer österreichischen Missionarin in Uganda und bedeutet: Loslassen, Gott lassen![26] Ich fand, dass dieses Motto sehr gut zum Kita-Start passt. Der einen Mami mag es schwerer fallen als der anderen, aber jede von uns muss diesen Schritt, während unsere Kinder heranwachsen, immer wieder bewusst gehen.

Ich muss Gott tun lassen, was nur er tun kann, und dabei kann ich ihm vertrauen, dass er über mein Kind wacht, dass er ihm helfen wird, Schwierigkeiten zu überwinden, und dass er sogar negative Erlebnisse meines Kindes in Segen verwandeln wird. Gott ist da, das gebe ich morgens meinen Kindern immer mit auf den Weg. Ich segne sie und erinnere sie daran, dass Jesus bei ihnen ist.

Einmal kam mein Sohn nach Hause und meinte: „Mama, der Leon hat heute geweint, da bin ich zu ihm gegangen und hab ihm gesagt: ‚Gott ist bei dir!' ... und dann war er wieder fröhlich."

Dass Gott seine Kinder loslässt, wurde mir besonders im Gleichnis vom verlorenen Sohn deutlich. Auch wenn es hier um das Loslassen eines fast erwachsenen Sohnes geht, können wir Mütter etwas daraus mitnehmen. Worauf der Vater im Gleichnis hofft, ist, dass der Sohn sich an seine Güte und Liebe erinnern und zurückkehren wird.

Genauso können auch wir in die Beziehung zu unserem Kind Vertrauen haben. Wenn wir eine starke Bindung aufgebaut haben, haben wir allen Grund zu hoffen, dass unser Kind uns teilhaben lassen wird an dem, was es erlebt, dass es sich uns anvertrauen wird, wenn es Hilfe oder Trost braucht, dass es sich in schwierigen Situationen an unsere und Gottes Liebe erinnern und sich daran festhalten wird.

Dir und deinem kleinen großen Mäuschen wünsche ich einen zuversichtlichen, fröhlichen Start in euren neuen Lebensabschnitt, eine gute Eingewöhnungsphase und viele tolle, neue Freunde!
Gott segne dich mit Kraft, Weisheit und Freude in deinem Mama-Alltag!

Nachwort

Es hat mir so viel Freude gemacht, dieses Buch zu schreiben, und auch wenn alle Erkenntnis Stückwerk ist, so hoffe ich, dass dein eigenes *Puzzle* von Gott an der einen oder anderen Stelle ein Teilchen dazugewinnen konnte. Ich hoffe auch, dass dich die Inhalte bewegt und dir gleichzeitig genug Freiraum für deinen eigenen Weg gelassen haben. Es gibt nicht die ultimativen, erfolgsgarantierten Zutaten für eine gute Bindung und Erziehung – es bleibt ein komplexes Zusammenspiel und wir bleiben abhängig von Gottes Leitung, seiner Weisheit für den individuellen Fall und seinem Wirken im Leben unserer Kinder.

Ich danke Gott, dass er mich in meiner inneren Not als Mutter ganz neu und tief seine Güte hat erkennen lassen. Mein Herz sehnt sich danach, dass er durch jeden Impuls in diesem Buch geehrt wird.

Ich danke meinen Eltern, die mir besonders ein Vorbild darin waren, was es heißt, Glauben in Höhen und Tiefen zu leben, vor ihren Kindern authentisch und ehrlich Fehler einzugestehen und um Vergebung zu bitten.

Ich danke den vielen inspirierenden Müttern aus unserem *Watschelentenclub*, die mich ermutigten, diese Andachten zu schreiben und zu veröffentlichen.

Ich danke meiner Schwester Kathi, meiner treuen Unterstützerin, die sich mit ihrer kreativen Gabe in diesem Buch verewigt hat. Die Herzzeichnungen sind von ihr.

Und ich danke meinen Kindern Jaron und Sofia und meinem Mann Max, den Menschen, die mich täglich in meinem

Wachstum fördern und die meine Schwächen treu mittragen. Sie sind die Menschen, durch die Gott mich inspiriert, formt und lieben lehrt.

Quellenverzeichnis

1 Nicole Strüber, Die erste Bindung. Wie Eltern die Entwicklung des kindlichen Gehirns prägen. J.G. Cotta'sche Buchhandlung Nachfolger GmbH, 2016.

2 nachzulesen in Johannes 20,17 ff.

3 Jude Cassidy & Phillip R. Shaver, Handbook of Attachment. Theory, Research and Clinical Applications, Guilford Press, 2016.

4 In der Übersetzung der Elberfelder Bibel steht sogar: „Wohnung bei ihm machen."

5 Nicole Strüber, ebenda.

6 Ewald Fettweis, Orthopädische Praxis 46 (2010), 2, S.53-58.

7 Thomas Claßen & Maxie Bunz, Einfluss von Naturräumen auf die Gesundheit – Evidenzlage und Konsequenzen für Wissenschaft und Praxis. Bundesgesundheitsblatt (61, 2018), S. 720–728.

8 Andreas Raith & Armin Lude, Startkapital Natur. Wie Naturerfahrung die kindliche Entwicklung fördert. FORUM BILDUNG NATUR (Hrsg.), Oekom Verlag, 2014.

9 Nicole Strüber, ebenda.

10 Hetty van de Rijt, Frans X. Plooij, & Xaviera Plooij, Oje, ich wachse! Von den acht „Sprüngen" in der mentalen Entwicklung Ihres Kindes während der ersten 14 Monate und wie Sie damit umgehen können – Jetzt mit großem Kapitel zum Ein- und Durchschlafen, Mosaik, 2019.

11 Tobias Künkler, Tobias Faix & Damaris Müller (Hrsg.), Frei erziehen – Halt geben. Christliche Erziehung für unperfekte Eltern, SCM R.Brockhaus. 2017.

12 Thomas Blank & Karl Adamek, Singen in der Kindheit. Eine empirische Studie zur Gesundheit und Schulfähigkeit von Kindergartenkindern und das Canto-elementar-Konzept zum Praxistransfer, Waxmann Verlag GmbH, 2010.

13 Eiluned Pearce, Jacques Launay & Robin I.M. Dunbar, The ice-breaker effect: singing mediates fast social bonding. Royal Society Open Science 2 (2015): 150221.

14 Timo Reuter & Simone C. Ehmig, Vorlesen im Kinderalltag. Bedeutung des Vorlesens für die Entwicklung von Kindern und Jugendlichen und Vorlesepraxis in den Familien. Zusammenfassung und Einordnung zentraler Befunde der Vorlesestudien von Stiftung Lesen, DIE ZEIT und Deutsche Bahn 2007–2012. Stiftung Lesen, 2013.

15 James F. Paulsen & Sharnail D. Bazemore, Prenatal and postpartum depression in fathers and its association with maternal depression: a meta-analysis. JAMA. 303(19, 2010):1961-1969.

16 Melanie Erlinger (Hrsg), Geborgenheit finden. Verlag Anton Pustet, 2019.

17 Vergleiche hierzu: Elke Mölle, Erfüllt, SCM R.Brockhaus, 2022.

18 Ellen Nieswiodek-Martin, Weihnachten – Zeit des Lichts, Gerth Medien, 2022.

19 Günther Opp & Michael Fingerle, Was Kinder stärkt. Erziehung zwischen Risiko und Resilienz. Ernst Reinhardt GmbH & Co KG Verlag, 2020.

20 Kindermutmachlied von Andreas Ebert. Solltest du es nicht kennen, so findest du es leicht bei YouTube.

21 Wayne Jacobsen, Geliebt!, Glory World Medien, 2016.

22 Chantal L. Verhage, Marleen Gillebaart, Shelley M.C. van der Veek, Carel M.J.L. Vereijken, The relation between family meals and health of infants and toddlers: A review. Appetite, Volume 127, August 2018, Pages 97–109.

23 Marije aan het Rot, D.S. Moskowitz, Zoe Y. Hsu, Simon N. Young, Eating a meal is associated with elevations in agreeableness and reductions in dominance and submissiveness. Physiology & Behavior, Volume 144, May 2015, Pages 103–109.

24 InBindung, Podcast damals von Marina Hoffmann, Junita Horch, Simon Eitzenberger, Anna Born, Julia Wanitschek.

25 Jeff VanVonderen, Wenn Gnade das Familienleben prägt, Christlicher Mediendienst Hünfeld, 2017.

26 Maria Luise Prean-Bruni, LolaGola. Loslassen – Gott lassen. SCM R.Brockhaus, 2008.